유혜식 신약 흐름타기

유혜식 신약 흐름타기

문서사역
|종|려|가|지|

머리말

푸른교회 개척 20년.

이것이 제 인생이었고 제 지난 세월의 이력입니다.

"젊고 깨끗한 교회"라는 영구 표어를 가지고 시작된 푸른교회는 어떻게 하면 이 땅에 서머나 교회와 빌라델비아 교회와 같이 하나님께 칭찬받는 교회를 이룰 것인가를 고민하면서 찾아낸 결론이 바로 준엄하신 하나님의 말씀을 가감 없이 "교육하는 교회"가 되자는 것이었습니다.

진정 이 시대는 아모스 선지자의 탄식과 같이 "양식이 없어 주림이 아니며 물이 없어 갈함이 아니요 여호와의 말씀을 듣지 못한 기갈"(암 8:11)인 시대인 것입니다. 이전 세대에 비해 너무나 손쉽게 성경을 읽고, 말씀을 접할 수는 있지만 사람들의 가슴에 갈증과 기갈이 더 깊어지고 심해지는 것은 '홍수 속에 정작 마실 물 한 모금이 귀한 것' 처럼 쏟아지는 각종 정보의 홍수 속에 하나님의 말씀이 우리 삶 속에 들어와 깊이 체득되지 못한 채 스쳐지나 가버리기 때문입니다.

이런 시대적인 상황이 고스란히 교회 내에도 재현되고 성도들의 삶 속에도 그대로 스며들고 있는 것을 보면서 "또 네가 많은 증인 앞에서 내게 들은 바를 충성된 사람들에게 부탁하라 그들이 또 다른 사람들을 가르칠 수 있으리라"는 딤후 2:2의 말씀과 같이 하나님의 말씀을 통해 충성된 사람들을 양성하고 더 나아가서 그들로 다른 사람을 가르치고 주님께로 인도하는 성숙한 성도인 '리더'를 양성하는 것이 시급한 과제라는 것을 절감하면서 적절한 성경공부 교재를 찾기 시작하였습니다.

시중에 많은 좋은 교재들이 있지만 대부분 우리 교회의 현실과는 동떨어지고 맞지 않는 부분들이 많았고, 또 성경 자체를 가르치는 교재가 드문 것을 보고 스스로 우리 교회 상황에 맞는 교재를 만들기로 작정하고 다시 신학을 공부하는 병아리 신학생의 심정으로 돌아가 성경을 펴들고 고민하기 시작하였습니다.

제가 이 교재를 준비하고 활용하면서 가장 염두에 둔 것은 다음 세 가지였습니다.

먼저, 개혁주의적인 성경관에서 벗어나지 않으려고 노력하였습니다. 오늘날 성도들이 신앙의 뿌리를 잃고 명목상의 그리스도인으로 사는 것은 참 서글픈 일입니다. 이 교재는 성도들에게 건전하고 바른 신앙 체계를 세우는데 치중하였습니다.

다음으로, 성경 본문 자체를 가르치려고 하였습니다. 이 교재는 철저히 "sola scriptura!"(오직 성경으로)라는 종교 개혁 정신에 입각해서 각 책의 개요를 간단히 설명하고 난 후 항상 성경을 펴들고 본문을 함께 공부하는데 이 교재를 활용하였습니다.

그리고 마지막으로, 신학교 교재가 아닌 교회 현장에서 활용하는 성경공부 교재이기 때문에 간결하고 쉽게 만들어서 성경 전체의 흐름을 이해하도록 했습니다.

이 교재는 그렇게 만들어져서 푸른교회에서 20년간 성도들과 함께 교회의 리더를 세우는 LTC(Leadership Training course) 훈련 교재로 나눈 내용을 책으로 묶은 것입니다. 교회 현장에서 교재로 사용하던 책이다 보니 부족함이 많을 뿐 아니라 연구 논문이 아니라서 일일이 인용 근거를 다 밝히지 못하였지만 앞선 신학자들의 연구와 저서에서 많은 도움을 받았음을 밝힙니다.

끝으로 부족한 이 책이 나오기까지 해산의 수고를 아끼지 않은 문서사역 종려가지의 한치호 목사님, 그리고 지난 20년간 제 사역의 이유와 버틸 수 있는 힘이 되어 준 푸른교회 모든 가족들과 사랑하는 무남독녀 외동딸 주신(主信)이와 긴 목회 사역의 동역자요 내조자로 함께 동행해 준 아내 정순에게 감사의 인사를 전합니다.

soli Deo gloria!

2018년 5월

–예수 그리스도의 종 유혜식

목차

제 3 편 · 요한계시록

제 1 편

복음서와 서신들

1과. 신구약 중간시대

중간시대 연구의 필요성

신구약 중간시대란 구약시대의 끝에서 신약시대가 시작할 때까지인 400여 년 간의 역사를 뜻하며 이 시기는 신약성경의 배경이 되는 시기이다. 우리가 성경을 올바로 이해하려면 그 배경을 잘 이해해야만 한다. 성경의 배경에 대한 올바른 이해가 없이는 본문을 바로 해석할 수가 없기 때문이다. 그런데 한국의 많은 성경공부 현장을 들여다보면 대개가 한국교회의 전통적인 해석방법인 소위 '영적', '은유적' (Allegorical)해석 방법이 대부분인 것을 알 수 있다. 그래서 항상 성경해석이 코에 걸면 코걸이, 귀에 걸면 귀걸이 식의 우를 벗어나지 못하는 것이다. 이러한 현상은 철저한 성경적 배경 이해를 바탕으로 한 개혁주의의 역사적, 문자적 해석 방법을 소화하지 못했기 때문이다.

그러면 개혁주의의 성경 해석 방법은 무엇인가? 그것은 두말할 나위 없이 역사적, 문자적 해석 방법이다. 그런 면에서 아직 한국교회의 교육현장은 종교개혁이 이루어져야할 단계에 있다. 하나님 말씀에 대한 이러한 실수에서 벗어나려면 성경의 배경을 잘 이해하고 정확한 본문의 뜻을 찾는 작업이 선행되어야 한다. 그러므로 신약을 공부하기 위해서 그 배경이 되는 중간시대에 대한 고찰은 필수적인 것이다.

중간시대는 크게 마카비 전시대, 마카비 시대, 마카비 후시대로 나누어 지고 마카비 전시대는 1) 페르시아 시대, 2) 헬레니즘 시대, 3) 애굽 시대, 4) 수리아 시대이고 마카비 후시대는 로마시대를 의미한다.

마카비 전시대

1. 페르시아 시대(B.C. 536-331)

B.C. 536년 근동 아시아의 주도권은 바벨론 제국에서 페르시아 제국으로 넘어왔다. 메데의 소영주였던 고레스는 점차 그 세력을 확장하여 소아시아 전체를 장악하고 마침내는 바벨론을 무너뜨리고 대제국을 건설했다. 그런데 페르시아의 고레스 왕은 바벨론을 멸한 뒤 바벨론에 포로로 잡혀온 유대인들을 고향으로 돌려보냈다.

고레스 왕의 기본정책은 타민족의 언어나 종교나 민족성을 말살시키는 것이 아니라 그 모든 것을 인정해주는 유화정책이었다. 그래서 제국의 어느 곳에서도 자신들의 통치자에 의해 자신들의 언어와 풍습과 종교를 지킬 수 있는 정치, 문화적 자치가 인정되었다.

이러한 고레스의 기본 정책으로 말미암아 유대인들은 자기의 고향으로 돌아가서 자신들의 생활방식과 종교를 가지며 살 수 있게 된 것인데 에스라와 느헤미야서에 기록된 것처럼 총 3차에 걸친 귀국이 이루어 졌다. 물론 유대인들의 포로로 잡힘과 귀환은 모두 하나님의 섭리였으나 하나님을 알지 못한 불신 고레스 왕의 세속적인 정치를 통해 이루어지는 역사적 사건을 보면서 참으로 역사의 수레바퀴를 잡고 계신 분은 하나님이라는 사실에 새삼 놀라움을 금치 않을 수 없는 것이다.

2. 헬레니즘 시대(B.C. 331-285)

본시 도시국가였던 헬라를 마케도니아의 필립 왕이 통합하고 헬라제국의 기초를 놓았다. 필립의 사후에 그의 아들이었던 알렉산더는 짧은 시일 내에 지중해를 중심으로 한 모든 나라들을 차례로 점령하고 나중에는 더 점령할 땅이 없어서 눈물을 흘릴 정도로 넓은 제국을 건설하였다.

알렉산더 대왕은 헬라제국을 건설하고 그 헬라의 문화(헬레니즘)를 널리 보급하기 위해 노력했는데 그 중에서 특히, 헬라 철학은 초대교회와 중세교회에 이르기까지 기독교 사상에 많은 영향을 미쳤다. 특히 알렉산더가 보급한 공통어 헬라어는 신약성경의 언어가 되었고 복음의 가르침이 세계 곳곳에 전파되는 것을 가능케 한 매개체가 되었다. 이런 헬레니즘 문화는 유대교의 배경 속에서 태어난 기독교가 세계종교로 성장하는데 결정적인 역할을 하게 된다.

그러나 이 헬레니즘 문화의 치명적인 폐단인 화려한 문화의 이면에 가려진 혼합주의적 성격으로 말미암아 오히려 훗날 기독교의 순수성을 오염시키고 많은 기독교 이단들이 이 헬라 사상의 배경에서 나오게 된 것은 참으로 역설(Irony)이 아닐 수 없다. 아무튼 하나님은 세계사의 주역으로 등장하는 두 인물, 고레스와 알렉산더 대왕까지도 그 분의 목적과 섭리를 위해 사용하신 것이었다.

알렉산더 사후에 헬라제국은 네 명의 장군에 의해 분할되는데 프톨레미는 애굽을, 안티파터는 마케도니아와 그리스를, 리시마쿠스는 북동부에 있는 트리키아를, 셀루커스는 수리아를 각각 차지하게 된다. 유다는 처음에는 프톨레미와 셀루커스의 경합지였으나 마침내 프톨레미의 통치 하에 들어가게 되었다.

3. 애굽 시대(B.C. 285-204)

B.C. 312년부터 유다에 대해 애굽과 수리아가 서로 차지하려고 싸움을 벌이다가 마침내 프톨레미 2세 때 완전히 유다는 애굽의 지배 하에 들어가게 된다. 이 때 가장 주목할 만한 일은 애굽 북부의 도시 알렉산드리아에서 애굽의 왕 프톨레미 2세의 명에 의해 70인경(LXX)이 헬라어로 번역되었다는 것이다. 이 70인경은 헬라 제국의 구석구석까지 흩어진 유대인들(특히, 히브리어를 모르는 유대인들)과 헬라 제국의 모든 사람들 즉, 남녀노소를 불문하고 천하 만민들에게 복음을 전파는 중요한 도구가 되었다. 그리고 신약에서 인용된 대부분의 구약성경이 이 70인경에서 온 것이라는 사실만 보아도 70인경이 신약시대에 얼마나 많은 영향을 미쳤는지를 알 수 있다.

4. 수리아 시대

차츰 세력을 형성하던 신흥제국 로마가 일어나면서 수리아가 애굽과 싸워서 승리했다. 이때 수리아의 왕 안티오커스는 암살 당하고 그의 동생 안티오커스 에피파네스가 왕이 되었는데 그는 로마에 볼모로 12년간이나 잡혀갔다가 온 자로서 모세 율법에 충실한 자를 다 개종시키거나 죽이려했다 그래서 안식일을 지키려하거나 할례를 행하는 자, 히브리어로 기록된 성경을 가진 자는 다 사형에 처했다. 그리고 유다의 헬라화를 위해 곳곳에 이방의 신상을 세웠고 더욱이 예루살렘 성전 중앙에 우상을 세우고 유대인들이 가장 가증히 여기는 돼지 피를 제단에 뿌렸다. 그래서 유대인들은 에피파네스를 "에피마네스"(미친놈)라고 불렀다. 이러한 에피파네스의 탄압은 마침내 유대인들로 하여금 헬라문화에 대해 반감을 갖게 하여 반란을 일으키게 만든다.

마카비 시대(B.C. 167-63)

에피파네스의 헬라화 정책은 유대교 탄압을 불렀고 마침내는 유대교 말살 정책으로 번져갔다. 처음에는 소극적 저항을 하던 경건한 유대인들도 무장투쟁으로 대항하기에 이르렀다. 이러한 무장투쟁은 하스몬 가문의 늙은 제사장 마타디아스와 그의 5명의 아들들이 수리아 관원을 죽이고 대항함으로서 마침내 본격적인 독립전쟁으로 사태가 번져갔는데 이들 중 지도자는 마타디아스의 아들 유다 마카베우스(Judas Maccabaeus)였다.

이들을 소위 핫시딤이라고 불렀는데 훗날 바리새파가 되었다. 이들은 정규전을 피하고 사기가 왕성하고 익숙한 지리를 이용한 집요한 게릴라 전법으로 수리아인들을 괴롭히며 연전 연승하여 마침내 수리아를 물리치고 예루살렘에 입성하여 에피파네스에 의해 더럽혀진 성전을 정화하고 이방신들을 위한 제사 기구들을 모두 철거하고 그 자리에 새로운 제단을 세우고 율법에 충실했던 새로운 제사장을 선출하여 거룩한 제사 의식을 수행하게 하고 제사에 필요한 성물들을 새롭게 준비하였다. 성전이 신성모독에 의해 더럽혀진지 꼭 3년이 되는 B.C. 164년 12월에 축제의 기쁨 속에 성전은 다시 봉헌되었는데 이날 이후 이 때를 기념하기 위해 매년 하누카(빛의 절기)라는 절기를 지키고 있다.

그 후 유대인들은 예루살렘을 요새화하여 방비를 굳게 하고 남쪽 국경지대의 성인 벧수르의 방어공사를 통해 수비를 튼튼하게 하였다. 그리고 유다 마카베우스는 얼마 후엔 공석이던 대제사장의 직분에까지 오르게 된다.

그러나 세월이 흘러 유다 마카베우스의 아들 시몬이 죽고 그의 아들 요한 힐카누스가 대제사장 겸 왕으로 오르자 핫시딤과 대립하게 되어 점점 불만이 고조되다가 급기야는 그의 아들 알렉산더 얀네우스 때에 와서 알렉산더 얀네우스가 형인 아리스토불루스의 미망인과 결혼한 것이 바리새인들의 노여움을 사게 되었다. 이러한 일은 대제사장으로서는 해서는 안되는 일이었기 때문이었다. 그는 종교적인 직분은 등한시하고 왕으로서의 정복과 세력 확장에만 열중하다가 죽었는데 그 뒤를 그의 아내인 알렉산드라가 왕이 되어 큰 아들 힐카누스 2세를 대제사장에 임명하였다. 그러나 그녀가 죽은 후 힐카누스 2세의의 동생 아리스토불루스 2세가 형의 군대를 여리고에서 박살내고 왕과 대제사장의 자리에 오르게 된다. 이때 에돔의 총독인 안티파터(헤롯 대왕의 아버지)가 피난 중인 힐카누스 2세를 충동질하여 군대를 이용해 아리스토불루스 2세를 추방케 함으로써 마카비 시대는 끝나고 로마의 속국시대가 시작되어 헤롯

가문의 통치로 넘어가게 된다.

마카비 후시대(B.C. 63년부터)

마카비 후시대란 로마의 통치시대를 의미하는 것으로 이 시대의 인물 중 중요한 인물은 안티파터와 그의 둘째 아들 헤롯이다.

안티파터는 처음에는 로마의 폼페이 장군을 지지했으나 B.C. 48년에 그가 몰락하자 방향을 바꾸어 시저를 지지한 기회주의자였다. 그러나 그의 이러한 지나친 로마에의 의지와 그가 에돔 출신이라는 이유로 유대인들의 미움을 받았고 B.C. 48년에 적들에 의해 독살되고 만다.

B.C. 42년 로마의 안토니우스가 빌립보 전쟁을 통해 권력을 잡자 그는 안티파터의 두 아들 파사엘과 헤롯을 분봉 왕으로 임명하여 다스리게 했다. 이때 안티파터에 의해 쫓겨난 아리스토불루스 2세의 아들 안티고누스가 파르티안 사람들과 공모하여 예루살렘을 점령하자 젊은 헤롯은 로마로 도망가서 안토니우스의 환심을 사서 '유대인의 왕' 이란 칭호를 받아 가지고 로마의 힘을 빌어 예루살렘으로 다시 귀환하니 마카비 가문은 완전히 그 명맥이 끊어지고 마침내 유대는 로마의 속국으로 전락되고 만다.

헤롯(헤롯 대왕)은 헬라화 정책을 급진적으로 수행했는데 유대인에게는 유대인처럼, 이방인에게는 이방인처럼 행동했다. 그가 힐카누스의 손녀 미리암과 결혼한 것도 유대인의 환심을 사려는 속셈이었으나 에돔 출신으로 대제사장이 될 수는 없었으므로 대제사장의 직분을 격하시키는 정책을 많이 썼다.

헤롯은 정치적으로는 유능한 사람이었고 건축분야에서도 많은 업적을 남겼는데 가장 대표적인 예가 바로 성전 건축이었다. 그 뿐 아니라 바리새인들에 대해 존경을 표함으로 유연한 관계를 가지려 했으나 예루살렘 성전 문에 거대한 금독수리 상을 세움으로 그만 관계가 악화되고 말았다. 그러나 가정적으로는 매우 불행하여 열 명의 아내 중 둘을 죽였고 처남 하나, 아들 셋, 그리고 장모까지 죽였다. 더욱이 아기 예수님을 죽이기 위해 베들레헴에 있는 2살 이하의 사내아이를 죽인 사람도 바로 그였다(마 2:16). 그는 죽을 때 백성들이 울지 않을 것을 걱정해서 많은 유능한 지도자들을 가두어 죽을 때 같이 죽여 백성들을 울리려 했으나 갑자기 죽는 바람에 그 계획을 실패로 돌아가고 말았다. 헤롯의 사후에 그의 유언에 따라 영토는 세 아들에게 나누어 주었는데 아켈라오는 유대의 남쪽부분을, 빌립은 북동쪽, 안디바는 갈릴리와 베뢰아를 다스렸다.

아켈라오는 분봉왕으로 9년 간 너무 압제적으로 다스리다가 A.D. 6년 로마의 아구스도 황제는 반란이 일어날까 염려하여 그를 면직시켜 추방해 버렸다.

빌립은 요단강 동쪽 상류지역에 판네이온을 재설립, 확장하여 수도로 만들고 황제를 존경하는 뜻으로 가이사랴라고 불렀는데 지중해 연안에 있는 가이사랴와 구분하기 위해 '가이사랴 빌립보' 라고 했다. 그는 비교적 관대한 통치자로 헤롯의 아들 중에서는 가장 온순한 사람이었다.

안디바는 헤롯의 아들 중 가장 유능한 인물로 그의 아버지 헤롯 대왕처럼 헬라 문화의 장려자이자, 위대한 건설가였다. 가장 유명한 건설은 갈릴리 바다 서해안에 있는 디베랴 도성이었고 이것은 로마 황제 디베료를 기념하기 위한 것이었으며 그는 후에 동생 빌립의 아내 헤로디아에게 반하여 청혼을 하게 된다. 그러나 그녀는 왕의 부인인 나바티안 왕후를 물리칠 것을 조건으로 승낙을 하였다. 이러한 사실을 안 나바티안이 자기 아버지의 나라로 사라지자 헤로디아는 안디바의 아내가 되어 왕궁에서 같이 살았다. 이러한 부도덕한 행위는 경건한 유대인들의 비위를 건드렸고 그리하여 세례 요한의 책망에 분노를 느낀 헤로디아는 끝내 왕을 사주하여 세례 요한의 목을 베어버렸다(막 10:11).

딸의 강제 이혼에 분노를 느낀 아레타스 왕은 보복할 기회를 엿보고 있다가 A.D. 30년 베뢰아를 침공해서 안디바의 군대를 격멸시켰다.

A.D. 39년 안디바는 헤로디아의 말에 의해 로마에 가서 현재의 분봉왕의 지위보다 더 높은 지위를 간청하려고 자리를 비운 사이에 헤롯 대왕의 손자인 아그립바 1세가 먼저 황제에게 고발하여 그 자리를 차지하고 말았다. 이 아그립바 1세가 바로 야고보를 죽인 자이고(행 12:1-3) 베드로를 체포했으며 여러 초대교회 지도자들을 핍박한 장본인이었다. A.D. 44년에 그가 죽자 그의 17세 밖에 되지 않은 아들이 아그립바 2세로 등극했다(행 12:23). 이때부터 로마의 영토나 다름없이 통치를 받다가 66년에 반란으로 로마와 전쟁을 하게 되었으나 로마 국내의 혼란스런 내정(네로의 죽음)으로 70년까지는 정권을 유지하다가 마침내 A.D. 70년 봄에 로마의 디도(Titus) 장군에 의해 예루살렘 성과 성전은 파괴되고 마침내 성전 중심의 유대교는 종말을 고하게 된다.

중간시대의 문화와 종교

1. 유대교

1) 바리새인

'핫시딤' 에서 유래한 것으로 유대인의 생활에 가장 큰 영향을 준 사람들은 바로 바리새인이었다. 예루살렘 성전 붕괴 후 유대교의 본질적인 내용을 보존한 자들이 바로 바리새인이었다. 그들의 숫자는 적었으나 명성은 대단해 높아서 누구든지 경건하게 살고자 하면 그들의 노선을 추종하지 않으면 안되었다. 바리새인들은 제사나 정결 문제, 식사법, 안식일에 관한 규례 등에 특별한 주의를 기울였다. 구약의 다니엘은 핫시딤의 전형적인 인물이었다.

바리새파는 율법의 수호자로 헬레니즘 문화를 막아낸 방파제 역할을 했다. 이들은 모세 오경을 토라라고 불렀는데 구전된 미쉬나에도 토라와 같은 권위를 부여했다. 그리고 율법 해석에 있어서는 엄격한 샴마이 학파와 좀 더 부드럽고 융통성 있는 해석을 취한 힐렐 학파가 있었다. 그래서 눅 11:46의 말씀은 샴마이 학파를 지칭하는 듯하다.

2) 사두개파

사두개란 '싸디킴' 에서 유래한 말로 그 기원은 솔로몬의 제사장인 사독(삼하 8:17) 이 후라고 한다. 바리새인이 중간 계층의 사람들인 반면 사두개인은 부유한 귀족층들로 예루살렘에서 막강한 세력을 떨치는 제사장 계급의 사람들이었다.

이들은 바리새파와는 달리 기록된 토라는 인정했으나 구전된 미쉬나는 인정치 않았다. 바리새파에게는 율법이 신앙의 중심이었으나 이들에게는 그렇지 않았다. 이들 중 많은 수가 헬라 문화에 영향을 받아 유대인들의 미움을 사기도 했다.

3) 에센파

성경에는 에센파에 대한 언급이 거의 없다. 이들은 흰 옷을 즐겨 입고 독신을 강조했고 단체에 따라 자녀를 얻기 위해 결혼을 허락하기도 했으나 대개는 결혼을 하지 않고 양자를 데려다 길렀다. 생활은 매우 엄격한 수도원적인 생활을 했고 세례요한의 생활과 그가 베푼 세례 의식이 에센파와 매우 유사한 면을 가지고 있다. 이들은 주로 사해 남쪽 쿰란 지역에서 공동 생활을 했는데 에센파의 일원이 되려면 3년간의 견습기를 가져야 할 정도이며 그 후에 서약을 하고 세례를 받아야만 했다.

에센파는 그 역사적 과정 속에서 4개의 파로 분열되었는데 그 중의 하나가 바로 '열심당'이었다. 에센파의 강조점은 그룹에 따라 약간 다르지만 엄격한 유일신 신앙, 열렬한 율법 연구와 은유적 해석, 엄격한 안식일 준수, 육체적 부활의 확신 등은 공통적인 신앙이었다. 열심당은 '시카리' 라고 불리워 졌는데 그 이유는 옷 속에 단검을 숨기고 있다가 목표한 사람을 순식간에 찌르고 군중 속으로 사라지는 데서 유래했다. 유대인 역사가 요세퍼스는 마 27:38의 강도란 바로 열심당원이라고 했는데 확실한 것은 막 15:7의 바라바가 바로 열심당원이었다는 것이다.

4) 서기관

성경을 필사하고 구약의 율법을 이론적으로 발전시키는 일을 하였다.

2. 헬레니즘

헬라 문화 중 철학이 얼마나 기독교에 큰 영향을 주었는가는 어거스틴과 토마스 아퀴나스의 신학을 보면 알 수 있다. 헬라 철학으로는 플라톤주의, 영지주의, 에피큐리안주의, 스토아 학파 등이 있는데 그 중에서도 스토아 학파는 기독교에 많은 영향을 주었다. 스토아란 "채색한 현관"이란 뜻으로 아테네 시장에서 철학자 제논에 의해 설립되었다. 스토아 학파는 절제의 생활을 가르치는 고상한 것이기는 하나 기독교의 사상과는 많은 부분에서 달랐다. 그리고 헬레니즘 문화가 기독교에 끼친 영향 중 가장 중요한 것은 역시 헬라어였다. 이 헬라어는 당시 세계 제국인 헬라제국의 공용어로서 특히 신약성경이 당시의 문어체 헬라어가 아니라 코이네(일반) 헬라어로 기록되었다는 것이다. 즉, 일반 시민들이 보통 대화 때 쓰는 헬라어로 기록되어 헬라 제국 내의 어느 누구나 쉽게 읽고 그 뜻을 이해할 수 있었던 것이다.

3. 로마 제국

유대교, 헬레니즘과 함께 기독교에 영향을 준 것은 로마 제국으로 그들의 법률과 제도는 초대교회에 많은 영향을 미쳤다. 그리고 건축과 예술, 음악은 중세에 이를 때까지 계속 교회에 영향을 주었고 로마 제국의 세계 통일은 평화(Pax Romana)와 교통의 편리, 언어의 통일로 복음 전파자들에게 로마 제국의 군대가 보장해주는 안전과 잘 닦인 도로와 하나로 통일된 언어라는 편리를 제공해주어 마치 하나님의 아들이 이 땅에 오시는 길을 예비라도 하듯이 쉽게, 복음을 제국의 구석구석까지 퍼질 수 있게 해주었다.

4. 중간기의 경전

중간시대에 유대교는 경전의 종교로 발전을 한다. 그러나 경전에 근거한 종교는 후대에 변화된 요구에 부응하는 적합한 재해석을 필요로 하는 법이다. 그래서 유대교도 자연발생적으로, 또는 인위적으로 많은 해석들이 쏟아져 나오게 되었는데 이것이 바로 '장로들의 전통' (막 7:3)이다.

1) 구전 발생과 발전

포로귀환과 함께 돌아온 에스라는 모세의 율법 책을 낭독하고 그 뜻을 해석할 뿐 아니라 백성으로 하여금 그 낭독한 것을 다 깨닫게 하였다(느 8:8). 그리하여 에스라의 뒤를 이은 서기관들은 율법의 해석을 통해 특별한 관습, 의식, 교훈, 등을 발전시켰는데 이것이 후에 랍비들에 의해 계승되었다.

랍비들은 문서로 기록된 율법을 해석, 적용했는데 여기서 복잡한 여러 가지 실생활의 규례를 만들어 냈다. 이 과정을 '다라쉬' (darash, 해석)라 불렀고 '미드라쉬' (midrash, 주석)는 기록된 율법의 숨겨진 뜻을 찾아내는 과정을 의미한다.

미드라쉬에는 두 가지가 있는데 '할라카' 라는 종교법과 시민법에 관한 규례가 있어 사람이 일상 생활에서 어떻게 율법을 따라 걸어갈 것인가를 가르쳐 주고, '학가다' 는 율법과 관계없는 랍비들의 문헌으로 구약의 설화를 발전시켜 많은 전설과 민속 문학들로 되어 있다.

랍비들은 기록된 율법과 구전들을 사람들에게 주로 반복된 암송을 통해 다른 사람에게 전달했고 이것을 '미쉬나' 라고 불렀다. 미쉬나란 "그 이전 세기들 동안 랍비들이 토론하고 결정한 것을 주제별로 체계있게 정리한 법전"이다. 미쉬나는 A.D. 70년 예루살렘 멸망 후 랍비 요하난 벤자카이와 그의 제자들에 의해 만들어지고 그후 여러 세기를 거치며 다듬어졌다. 현재 미쉬나는 여섯 개의 주제로 분류되어져 있고 구약 다음가는 유대문학의 기본 작품이며 탈무드의 기초이다.

'탈무드' (배움)는 미쉬나로 구성된 해설집, 또는 전통적인 율법에 유대교 학파들의 토론과 전통을 추가한 것이다. 탈무드는 두 종류가 있는데 하나는 '팔레스타인 탈무드', 또 하나는 '바벨론 탈무드'인데 일반적으로 탈무드라고 할 때는 바벨론 탈무드를 지칭하는 것이다. 이것이 팔레스타인 탈무드보다 내용이 더 충실하다.

2) 외경(Apocrypha)

외경이란 '숨긴' 서적이란 뜻으로 유대교 전통에서는 매우 중요시 여기고 있으며 로마 가톨릭에서도 제2의 성경으로 사용하고 있다. 외경은 모두 12권이며 그 목록은 아래와 같다.

(1) 제1 에스드라서
(2) 제2 에스드라서
(3) 토빗서
(4) 유딧서
(5) 에스더서의 나머지 장들
(6) 솔로몬의 지혜
(7) 예수 벤 시락서
(8) 바룩서

(9) 다니엘서 부록 - ① 거룩한 세 아들의 노래

② 수산나의 역사

③ 벨과 용

(10) 므낫세의 기도

(11) 제1 마카비서

(12) 제2 마카비서

이러한 외경문학들의 공헌은 중간시대의 사람들의 신앙과 당시 시대상을 잘 알려준다는 것이다. 그리고 외경에 나타나 있는 부활의 교리와 종말에 관한 묵시적인 성격은 하나님의 나라와 장차 오실 메시야 사상에 깊은 영향을 주어 기독교의 탄생에 공헌을 하였다. 그러나 영감된 성경과는 그 차원이 벌써 다르고 신약 성경의 많은 부분과 교리적인 차이가 있으므로 외경을 성경과 동일시하는 실수를 범해서는 안될 것이다.

신약의 기록

1. 복음 시기(B.C. 4-A.D. 30)

이 시기에 있어서 예수님은 아무것도 쓴 것이 없다. 그 이유는 구약이 바로 예수님을 가르치고 알리는 지침서요 그 속에 약속된 것을 성취하러 오셨기 때문이다. 그래서 예수님은 율법이나 선지자를 폐하러 온 것이 아니고 완전케 하려함이라고(마 5:17) 말씀하신 것이다. 그리고 예수님은 그 자신이 복음이요 메시지였기에 기록의 필요가 없었다. "내가 곧 길이요 진리요 생명"(요 14:6)이신 분이 바로 예수님이신 것이다.

그래서 예수님은 기록할 것이 없었고 기록할 필요가 없었다. 그래서 필립 샤프는 "예수님은 모세의 율법처럼 기록된 글로 불완전하게 이 세상에 오신 것이 아니고 오직 생명을 살리는 영, 그 자체로 오신 것이다."라고 했던 것이다.

2. 구전시기(A.D. 30-50)

이 시기의 약 20년은 구전의 기간이다. 사도들은 그리스도께서 말씀하신 가르침, 그리고 그의 인격과 생활과 업적을 입으로 전한 것이다. 이때에도 기록의 필요를 별로 느끼지 않았다. 그 이유는 예수님을 직접 보고, 따라 다니고 함께 생활했던 사도들이 생생한 음성으로 그들이 본 것을 전해주었기 때문이며 당시의 대부분의 신자들은 구약 성경을 가진 유대인들이었고 더욱이 그들은 생전에 주님의 재림을 기대하고 있었기 때문이었다.

3. 기록시기(A.D. 50-95)

그러나 1세기 중반이 넘어서면서 복음의 판도가 예루살렘과 온 유대와 사마리아를 넘어서 전 세계로 넓어져 제자들만으로는 부족할 뿐 아니라 제자들이 핍박들로 인해 순교하면서 그 수가 점점 줄어들고 있었다. 그래서 제자들이 살아있는 동안 주님께 직접 보고 들었던 것을 기록해야할 필요가 생겼고 그래서 데살로니가 전, 후서 같은 바울서신이 기록되었고 마가복음을 비롯한 복음서들이 기록되고 최후로 요한복음과 요한 서신과 계시록이 기록된 것이다.

4. 신약의 원본, 사본

신약의 원본(Original Text)은 지금 단 한 권도 남아 있지 않다. 당시의 기록 용지는 양피지나 이집트 나일강 가의 무성히 자란 갈대를 잘라 만든 파피루스를 사용하였는데 양피지는 오래 보관할 수 있는 이점이 있으나 그 값이 비싸 성경 기록자들은 사용하지 못하고 값이 싼 파피루스에 기록하였는데 그 결과 세월이 지나면서 다 훼손되어 단 한 권의 원본도 남지 않았게 되었고 남은 것은 그 원본을 베낀 사본들(manuscripts) 뿐이다.

그러나 놀랍게도 현재 4,700개나 되는 신약의 사본이 남아있고 이중 대문자로 기록된 것이 240개가 넘고 필기체의 작은 글씨로 된 것이 2,500개가 넘는다. 그리고 나머지 1,800개는 주로 예배 때 사용된 발췌문들이다. 사본들은 연대가 오랠수록 더 권위가 있으며 더 가치를 인정받는다. 신약의 중요 사본들 중 몇 가지를 소개하면 아래와 같다.

1) 시내사본

독일의 성경학자 티센도르프가 1844년 시내산에 있는 성 캐더린 수도원에서 발견한 것으로 현재 대영 박물관에 보관되어 있다. 주후 4C의 것으로 인정된다.

2) 바티칸 사본

현재 로마 바티칸 도서관에 보관되어 있는 것으로 가장 중요한 사본으로 인정되고 있으며 A.D. 4C 때의 사본이다. 그러나 이 사본에는 히 9:14-13:25, 목회서신, 빌레몬서 및 계시록이 빠져있다.

3) 알렉산드리아 사본

대영 박물관에 소장되어 있으며 A.D. 5C 때의 것으로 신약의 대부분이 기록되어 있고 특히 계시록 연구에 도움이 된다.

4) 에브라임 사본

A.D. 5C의 것으로 지금 파리에 보관되어 있다. 이 사본은 본래 기록된 성경을 지우고 수리아 사람, 에브라임의 설교를 기록한 것을 화학약품을 사용하여 본래의 바탕글을 재생하였으나 때로는 잘 보이지 않는 구절도 있다.

5) 베자 사본

A.D. 5C-6C의 것으로 지금 영국의 캠브리지에 보관 중이다. 복음서와 사도행전만 기록되어 있는데 왼편은 헬라어, 오른편엔 라틴어로 기록되어 있다.

2과. 사복음서 - 공관복음

1. 사복음서의 주제별 분류

사복음서는 신자들이라면 가장 많이 읽고 쉽게 접하는 성경이며 모두에게 널리 사랑을 받고 있는데 그 이유는 예수님에 대한 주된 기록이기 때문이다. 따라서 많은 연구가 복음서에서 이루어진 것은 크게 이상할 것이 없다.

복음명 구분	마 태	마 가	누 가	요 한
기 록 자	마태(세리)	마 가	헬라 의사 누가	어부 요한
기록 자격	사 도	베드로의 제자	바울의 동행자	사 도
쓴 곳	예루살렘	로마	로마	에베소
쓴 때	70년	60년	60-67년	80-90년
행적기한	잉태-부활	요한 증거-승천	세례요한-승천	요한 증거-부활
수 신	유대인	로마인	헬라인	천하 모든 자
주님모습	왕(2:2)	종(10:45)	사람(19:10)	하나님(20:31)
별 명	사자 복음	송아지 복음	사람 복음	독수리 복음
큰 뜻	메시야 되심	권세자 되심	완전한 사람	세상의 구주
요 절	1:21	16:15	2:11;19:10	3:16;20:31
많 은 것	강 론	이 적	비 유	교 훈
흔 한 말	이루었다	즉 시	자 비	믿 음
예 언	렘 23:5	슥 3:8	슥 6:12	사 4:2
일하신 곳	이스라엘 집	불쌍한 자	모든 자	개인의 마음
비 유	24개 중 14개	9개 중 2개	31개 중 20개	8개 중 6개
교훈방법	신학적	실제적	역사적	정신적

2. 복음서의 형태

우리는 흔히 복음서를 예수님의 생애를 기록한 자서전 정도로 이해하는 경우가 많은데 이는 잘못된 것이다.

왜냐하면 복음서는 예수님의 생애 중 마지막 3년 간의 공생애를 기록하는데 집중하고 있고 그 3년 중에서도 거의 대부분을 예수님의 십자가 고난과 부활 사건에 초점을 맞추고 있기 때문이다. 그리고 더 나아가서 복음서는 단순한 역사적 사실을 알리기 위해 기록된 것도 아니다.

물론 복음서의 모든 내용은 모두 다 역사적 사실임에는 틀림없지만 그 목적은 복음을 전파하는 데 있기 때문에 자연히 일반 자서전과는 다른 형태를 취하고 있다. 즉 복음서는 예수님의 고난과 부활이란 주제를 중심으로 그리스도의 생애를 묘사하고 있다.

마가복음의 1/3이 이 주제를 다루고 있고 다른 복음들도 모두 이러한 사실을 비중 있게 다루고 있다. 사도 바울도 이 사실을 고전 15:3이하에 기록하고 있는 것을 볼 수 있다. 따라서 복음서에 나타난 예수님의 행적, 교훈 등도 본질적인 것이기는 하지만 다 예수님의 고난과 부활사건을 전파하고 설명하는데 그 목적이 있는 것이다.

그런데 복음서들은 각각 그 자신의 독특한 방식으로 그리스도를 묘사하고 있다. 그래서 기록자마다의 독특한 방식이 기록에 스며있어서 서로 모순 없이 그리스도를 묘사하지만 그 복음을 받는 수신자에 따라 다양하게 묘사하고 있다. 따라서 마태복음은 유대인들을 위한 복음이기 때문에 그 용어는 물론이고 강조점까지도 구약적인 배경을 통해 예언의 성취자로 오신 예수님을 설명하고 있다. 따라서 구약의 인용이 많고 그 예언이 예수님 안에서 어떻게 이루어 졌는지에 대한 자세히 설명하고 있다. 또 마태는 교사로서의 예수님을 묘사하고 있는데 그래서 마태복음에는 조직적인 강론이 많이 들어 있으며 그 대표적인 예가 5장-7장의 산상수훈이다.

마가는 로마인을 위해서 마가복음을 기록했는데 여기엔 마태복음과는 대조적으로 행적을 중심으로 기록하고 있다. 아주 간결하고 생생한 묘사와 많은 역사적 현재형이 사용되고 있다. 그래서 일명 이적(능력)의 복음이라고 일컫는다.

누가는 헬라인들을 위해 복음서를 기록했는데 마태가 다윗의 자손으로서의 예수님을 강조한 것에 비해 누가는 인류의 구세주로서의 예수님의 모습을 강조한다. 또 누가 만큼 예수님의 인간성을 정확히 묘사한 것도 없다. 왜냐하면 그는 인간의 육체를 다루는 의사였기 때문이다.

요한복음은 교회를 위한 복음으로 예수님의 신성이 강조된다. 문장은 간단하나 심오한 뜻을 가지며 많은 대화(교훈)가 테마를 중심으로 전개되고 있고 가장 늦게 기록된 복음서로서 공관복음에 대한 신학적 해석을 하고 있다.

3. 공관복음 (Synoptic Gospel)

공관복음이란 헬라어의 '함께' 와 '본다' 란 말이 결합된 말로 이 말은 마태, 마가, 누가복음에 적용되는 말로 요한복음과 구별하여 사용하는 말이다. 이렇게 공관복음을 요한복음과 구별하는 이유는 보는 관점이 다르기 때문이다.

그러면 공관복음의 어떤 점이 서로 공통적인가? 먼저, 시간과 장소의 배열이 같다. 공관복음은 다같이 본격적인 전도활동이 시작된 갈릴리에서 시작하여 유다에서 끝난다. 더욱이 유월절이 공관복음에는 단 한 번씩 기록되어 있으나 요한복음은 4번(2:13; 5:1; 6:4; 13:1)이나 기록되어 있어 공관복음과는 다른 시간과 공간적 배열을 가짐을 알 수 있다. 다음으로 문체와 단어가 공관복음은 서로 비슷하다.

4. 공관복음의 메시지: 하나님 나라

1. 하나님 나라(The Kingdom of God)

공관복음서 전체의 메시지는 막 1:15에 잘 표현되어 있다. 예수님의 첫마디가 "때가 찼고 하나님의 나라가 가까이 왔으니 회개하고 복음을 믿으라"라는 하나님 나라에 대한 것이고 부활하신 예수님이 마지막 40일을 제자들과 함께 계시면서 가르치신 말씀도(행 1:3) 역시 하나님 나라에 관한 것이다.

하나님 나라란 말은 구약에 직접 나타나지 않는다. 대신 그 개념이 선지자들을 통해 언급되었는데 구약에서는 하나님의 왕권이 두 가지로 강조되었다. 하나는 하나님은 왕이시라는 것이고, 다른 하나는 하나님이 왕이 되어 그의 백성을 다스릴 것이라는 것이다. 이 두 가지는 하나님의 왕권의 현재와 미래적인 면으로 후에 신약에 와서 하나님 나라의 개념에 직접적인 영향을 준다.

많은 사람들이 하나님 나라를 종말론적으로 이해한다. 그러나 히브리인들은 “통치”로 이해했다. 그래서 후기 유대교에서는 하나님 나라를 “하나님의 통치”로 보았는데 이것은 공관복음의 하나님 나라를 이해하는데 기초가 된다. 그런데 이 하나님 나라의 용어가 마태복음에는 하늘 나라(천국)란 말로 나타나고 있다. 그 이유는 히브리인들의 정서와 언어 관습을 고려한 것이다. 그러면 하나님 나라는 어떤 개념을 가지고 있는가?

1) 하나님 나라의 현재성과 미래성

하나님 나라는 우리가 이 세상을 살다가 죽은 뒤에 혹은, 이 세상 끝 날에 종말론적으로만 이루어지는 것이 아니다. 하나님 나라는 현재성과 미래성을 동시에 가지고 있다. 마 12:28은 하나님 나라의 현재성을 나타내는 구절로 예수님의 사역 중 가장 특징적인 사역이 귀신을 쫓고 병 고치는 일인데 그것을 하나님 나라가 임한 표적으로 말씀하신 것이다. 눅 17:21에도 하나님 나라의 현재성은 잘 표현되어 있다. 여기서 말하는 “안”이란 마음을 가리키는 ‘within you’가 아니라 ‘among you’의 의미인 것이다.

하나님 나라의 미래성은 마 6:10의 “나라가 임하시오며”라는 주기도문에 잘 나타난다. ‘이미’ 원리적인 면에서 하나님 나라는 도래했고 시작되었으나 그 완성은 주님의 재림 시까지 ‘아직’ 이루어지지 않은 것이다. 그래서 ‘이미’와 ‘아직’ 사이는 긴장(tension)관계에 있고 이것이 이미와 아직 사이를 살아가는 우리 성도들의 삶의 자세가 되어야 한다.

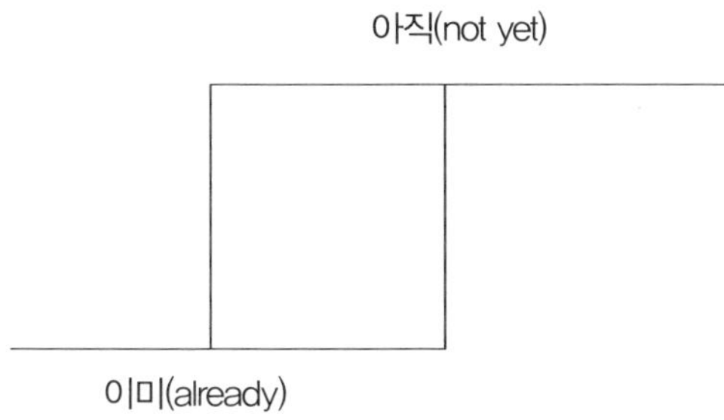

2) 하나님 나라의 특징

하나님 나라는 크게 네 가지 특징이 있는데 첫째는 공의성이다. 둘째는 평화성, 셋째는 확고부동성, 네째는 보편성인데 재미있는 점은 이런 하나님 나라가 요한복음에는 "영생" 또는 "생명"이란 말로 대신 사용되었고 바울 서신에는 "구원"이란 단어로 사용하고 있다는 점이다.

이런 하나님 나라에 들어가는 조건은 먼저, 회개(막 1:15)이다. 그리고 신앙이다. 그래서 막 1:15은 "회개하라"에 이어서 "복음을 믿어라"고 기록되어 있다. 이 믿음이란 그냥 말로만 믿는 것이 아니라 늘 주님과 동행하면서 주님이 나의 삶을 지배하며 다스리고 나는 그분의 뜻에 복종하는 하나님의 통치의 개념에 들어가는 것을 의미한다.

3과. 사복음서 - 요한복음

1. 요한복음의 목적과 특징

요한복음의 목적은 20:31에 "오직 이것을 기록함은 너희로 예수께서 하나님의 아들 그리스도이심을 믿게 하려 함이요, 또 너희로 믿고 그 이름을 힘입어 생명을 얻게 하려 함이니라"고 분명히 밝히고 있다. 즉, 요한복음의 목적은 단순히 그리스도의 생애를 밝히려는 것이 아니고 그리스도를 믿게하고 더 나아가서 영생을 얻게 하려는데 있다. 그래서 요한복음은 예수님의 신성과 이적을 강조한다.

요한복음에는 이적이 총 8개 기록되어 있는데 6장에 기록된 2개를 제외하고는 모두 요한복음에만 있는 것들이다. 즉, 물로 포도주 만듦, 왕의 신하의 아들을 살림, 38년 된 병자를 고침, 오병이어의 기적, 물 위로 걸으심, 소경을 고치심, 죽은 나사로를 살림, 이적으로 153마리의 고기를 잡음 등이 그것이다. 그리고 요한복음은 공관복음과 달리 예수님의 말씀이 주제별로 기록되어 있다.(중생, 생명수, 자신의 신성에 대한 변호, 생명의 떡, 세상의 빛. 선한 목자 등) 비록 설교는 아니지만 예수님의 기도(17:1-26)도 요한복음만의 기록이다.

그리고 예수님의 신성을 강조하는 "나는 -이다"라는 구절이 7개가 나온다. 예수님의 신성은 서두에서부터(1:1-18) 강조되고 있고 8:58엔 아브라함이 나기 전에 이미 계셨음을 분명히 밝히고 있다.

2. 요한복음의 메시지:로고스(말씀)되신 예수님

요한복음의 서두에 기록된 말씀(로고스)으로서의 그리스도의 개념은 요한복음의 메시지를 가장 정확하게 표현한 것이다. 원래 로고스란 말은 헬라의 철학자 헤라클리투스가 "만물은 유전한다"고 하면서 오직 변하지 않는 것은 영원한 질서인 로고스 뿐이라고 했던데서 사용되었다. 그리고 히브리 사상에서도 로고스의 개념이 있었는데 잠 8:22-31의 "지혜"가 바로 로고스이다.

이렇게 볼 때 요한이 헬라와 유대적 배경을 동시에 가진 로고스의 개념을 가지고 예수님을 표현한 것은 참으로 의미 있는 일이었다고 생각된다. 요한이 로고스 개념을 통해 설명하려고 했던 것은 무엇이었을까?

첫째로, 그리스도의 선재성이다. 이것은 요한의 창작이 아니며 사도 바울도 빌 2:6, 고전 8:6 등에서 말했다. 우리는 교회가 언제 그리스도의 선재성을 알게 되었는지 정확치 않으나 그의 부활과 승천 이후 더욱 확실해 진 것만은 틀림없다,

둘째, 요한이 로고스 개념을 통해 표현하려고 했던 것은 예수님의 신성이다. "태초에 말씀이 계시니라 이 말씀이 하나님과 함께 계셨으니 이 말씀은 곧 하나님이시니라"(1:1)

셋째, 로고스가 곧 창조의 대리자란 것이다(1:2-3). 이러한 사상은 바울에게서도 분명히 나타나는데(고전 8:6, 골 1:16) 예수님이

창조사역에 동참하셨음을 의미한다.

넷째, 말씀이 육신이 되었다는 이 사상을 요한은 좀 더 구체적으로 "우리 가운데 거하시매"(요 1:14)라는 표현을 통해 하나님과 세상을 구분하는 영지주의적 이원론을 반대한다.

다섯째, 로고스는 그리스도가 육신을 입고 계시자로 이 땅에 오셨다는 것이다. 그는 생명이요, 빛이며 은혜며, 진리며, 영광이며 하나님을 계시하러 이 땅에 오신 것이다.

그러므로 요한의 로고스 개념은 성경 전체에 있는 사상의 흐름이며 다만 요한은 이 사상을 당시의 사람들이 가장 잘 이해할 수 있는 로고스 개념을 들어 설명한 것 뿐이었다.

4과. 사도행전

신약 성경의 유일한 역사서는 사도행전 뿐이다. 이 신약의 유일한 역사서는 구원사적인 면에서 초대교회가 어떻게 생겼고 확장되고 부흥되었는지를 보여준다. "사도행전(使徒行傳)"이란 명칭은 2세기 중엽에 붙여진 이름인데 "성령행전"이라고 부른 것이 더 정확하다,

사도행전은 원래 누가복음의 후편으로 누가복음이 예수님의 지상사역을 기록한 것이라면 사도행전은 예수님의 천상사역, 즉 성령을 통해 어떻게 교회를 확장하고 복음 전파를 진행했는가를 보여준다. 그래서 '누가-행전' 은 한 권의 책이었으나 요한복음이 나오면서 사복음서가 함께 교회 안에 순회되며 읽혔고 그 결과 사도행전과 분리되었다. 그러나 누가복음과 사도행전은 여러 가지 면에서 서로 밀착되어 있어서 사복음서와 서신들을 연결해 주는 다리의 역할을 하는 것이 사도행전이다.

1. 기록자

기록자는 누가복음의 기록자와 동일한 의사 누가이다. 그 이유는 문체나 단어는 물론이고 둘 다 같은 인물인 데오빌로에게 보내고 있기 때문이다(눅 1:1-4;행1:1-2). 골 4:14, 딤후 4:11에 보

면 누가는 바울과 함께 동행하면서 전도했음을 알 수 있고 더욱이 바울의 행적을 기록할 때 "우리"란 말을 기록한 것은 바로 이러한 사실을 증명한다(16:1-7;20:5-15;21:1-18;27:1-28:16).

2. 기록 연대와 장소

자유주의자들은 사도행전이 A.D. 90년-130년에 기록된 것으로 추정한다. 그러나 객관적인 증거는 희박하다. 그래서 내증을 중심으로 연대를 찾아보아야 할 것이다. 자유주의자들은 사도행전 가운데 종말론적인 요소가 없고 조직체로서의 교회에만 관심이 나타나기 때문에 후기의 것으로 주장을 하나 사도행전에는 여러 곳(1:10, 11; 3:19-21; 15:16-18….)에 종말론적인 사상이 포함되어 있다.

따라서 사도행전의 기록 시기는 사도행전이 끝나는 A.D. 60년 이후라는 것과 적어도 바울이 순교하기 이전일 것으로 보인다. 즉 누가복음이 기록된 후 일 년 이내로 사도행전을 기록했을 것이다. 그러므로 그 연대는 A.D. 61-67년경으로 보이며 누가복음과 마찬가지로 로마에서 기록하였을 것이다.

3. 기록 목적과 특징

사도행전의 목적은 눅 1:4에 분명하게 기록되어 있다. "이는 각하가 알고 있는 바를 더 확실하게 하려 함이로라" 즉 데오빌로의 신앙을 확고히 하려는데 직접적인 목적이 있다. 그러나 이 밖에도 누가에게는 다음 네 가지의 목적이 있었다.

1. 역사적 동기
2. 변증적 동기
3. 교리적 동기
4. 전기적 동기

그러면 사도행전의 특징을 알아보자. 사도행전은 최초의 사건들에 대한 기록이 많다. 즉, 사도들의 첫 보궐선거, 새 시대의 첫 설교(2:14-40), 첫 회개(2:41), 첫 이적(3:1-11), 첫 핍박(4:1-4), 첫 징벌(5:1-11), 첫 집사들(6:1-7), 평신도들의 첫 설교(7:2-53), 첫 순교(7:54-60), 첫 이방인 회심자(10:44-48), 그리스도인이란 말의 첫 사용(11:26), 사도 중의 첫 순교(12:2) 등이다.

사도행전의 두 번째 특징은 성령이란 말이 신약가운데서 가장 많이 나온다는 것이다. 무려 50회 이상 나오는데 이러한 사실만으로도 능히 "성령행전"으로 불려 질만하다. 누가는 성령의 인격을 사람이 속일 수 있고(5:3), 시험할 수 있고(5:9), 거역할 수 있는 분으로 묘사한다(7:51). 그리고 성령의 역사는 많고 다양하다.

셋째로 사도행전은 역사가로서의 누가의 필치가 잘 나타나 있다. 예를 들면 그는 로마의 황제들의 이름을 언급한 유일한 기록자이고(18:2;13:1), 많은 관리들의 이름을 기록하기도 했다(18:12;16:20, 22, 35, 36, 38;24:3, 27). 이것은 모두 역사가로서의 누가의 모습을 보여주는 증거들이다.

4. 내용

1. 성령 강림과 초대교회의 설립(1장-2장)
2. 예루살렘 전도(3장-7장)
3. 유대와 사마리아 전도(8장)
4. 이방세계의 전도(9장-28장)

1) 이방 전도의 준비(9장-12장)

바울의 중생

베드로가 애니아의 병을 고침

베드로가 도르가를 살림

고넬료의 중생

베드로의 예루살렘 교회 보고

안디옥에서의 전도

야고보의 순교

베드로의 감금

헤롯의 죽음

2) 바울의 전도 여행(13:1-21:17)

바울의 1차 전도 여행

예루살렘 공의회

바울의 2차 전도여행

바울의 3차 전도여행

3) 바울의 감금(21:18-28:31)

성전에서 체포

대중 앞에서 변호

산헤드린 앞에서의 변호

바울을 죽이려고 공모함

가이사랴로 떠남

벨릭스 앞에서의 변호

베스도 앞에서의 변호

아그립바 앞에서의 변호

이달리야로 항해

로마의 도착

5과. 바울서신 - 초기의 서신들

바울 서신은 크게 넷으로 구분할 수 있는데 먼저, 바울의 「초기 서신」이라고 할 수 있는 데살로니가 전, 후서이며 다음은 「복음서신」, 또는 「삼대서신」으로 불리는 고린도 전, 후서, 갈라디아서, 로마서가 있으며 세 번째로는 「옥중서신」으로 골로새서, 에배소서, 빌레몬서, 빌립보이다. 마지막으로 바울이 순교 직전에 기록한 것으로 알려진 「목회서신」인데 디모데 전, 후서와 디도서가 있다

데살로니가 전, 후서

데살로니가는 B.C. 315년 카산다 왕이 알렉산더 대왕의 이복 누이요 자신의 아내인 데살로니가의 이름을 따서 지은 도시이다. 로마가 데살로니가를 B.C. 146년에 자치적 영토로 만들었을 때 수도였다. 당시 데살로니가는 북동쪽의 100마일 밖에 있는 빌립보 다음가는 두 번째 도시로서 항구도시며 무역의 중심지이다. 데살로니가는 상업적으로 중요한 위치를 차지한다. 로마와 에게해 북쪽 사이에 위치한 항구로서 고린도와 에베소에 필적하는 곳이었다. 그래서 상업에 능한 유대인들이 중요한 상가들을 거의 점령하였고 회당도 가지고 있었다.

바울은 A.D. 50년경 이곳에 와서 실라와 디모데와 함께 3주일

동안 회당에서 설교를 했다(행 17:1). 그때의 설교 내용은 크게 두 가지로, 메시야가 고난받고 죽으심과 부활은 옛 구약의 예언인 것과 예수님이 죽으신 후에 실제로 다시 부활하심으로 구약의 예언이 성취되었다는 것이었다(행 17:2-3). 그 결과 몇몇의 유대인과 헬라인의 무리와 적지 않은 귀부인들이 믿게 되었다(행 17:4). 그러나 이러한 결과에도 불구하고 유대인들의 질투와 시기로 폭동이 일어나고 바울은 이 도시에서 쫓겨나 남쪽 아덴을 거쳐 고린도로 피신하였다. 이때 회개한 중요한 사람은 데마, 아리스다고, 세군도, 가이오 등이다.

1. 기록자

1) 데살로니가 전서

독일의 튜빙겐 학파와 화란 학파 등 몇몇 급진적인 신학자를 제외하고는 데살로니가전서의 저자가 바울이라는 것을 부인하는 사람은 별로 없다. 데살로니가 전서를 바울이 기록했다는 것은 많은 외증과 내증을 갖고 있다. 외증으로는 말시온의 「바울 서신 수집」에는 물론 무라토리 정경, 이레니우스, 알렉산드리아의 클레멘트, 터툴리안, 그리고 구(舊) 라틴어역 및 구(舊) 수리아역에도 바울의 저작으로 데살로니가 전서는 포함되어 있다. 이뿐 아니라 내증에는 교회의 직분 맡은 자를 "너희를 다스리며 권하는 자"(살전 5:12) 라고 함으로써 장로나 집사 제도가 생기기 전임을 보여준다. 즉 교회의 조직상 아직 초기임을 보여주는 것이고 또 문체나 용어도 바울 특유의 주제인 그리스도의 재림을 바울 이상 강조한 사도가 없는 것으로 보아 데살로니가 전서의 기록자는 바울임을 알 수 있다.

2) 데살로니가 후서

데살로니가 후서의 기록자는 전서에 비해 많은 오해를 받고 있는데 그 이유는 크게 세 가지이다.

① 데살로니가 전, 후서 사이에 종말론적인 모순이 있으며 더욱이 전서의 내용이 후서에 되풀이 되고 있는 것으로 보아 기록자가 서로 다르다는 것이다. 여기서 종말론에 대한 모순이란 살전 5:2에 보면 그리스도의 재림이 "밤에 도적 같이" 임한다고 했는데 살후 2장에는 재림 전에 있을 징조를 말하면서 "주의 날이 이르렀다고 해서 쉽게 마음이 흔들리거나 두려워하거나 하지 말아야 한다는 것이라"(살후 2:2)고 했으니 서로 모순된다는 것이다. 또 살전 3:7-13의 말씀이 살후 2:13-17에 되풀이 되고 있으므로 후서는 다른 사람이 바울의 이름을 빙자하여 쓴 것이라는 것이다. 그러나 실제로는 그렇지 않다. 먼저 두 서신은 모순되지 않으며 서로 보충적이다. 즉 바울이 전서에서 그리스도께서 밤에 도적 같이 임하리라고 한 것은 불신자나 깨어서 준비하지 않는 사람에게 하는 말이요, 기름을 준비하고 그리스도의 재림을 기다리는 성도들에게 한 말이 아니었다. 그럼에도 많은 그리스도인들이 그 말의 참 뜻을 이해하지 못하고 동심하기 시작했다. 심지어 어떤 그리스도인들은 이제 일할 필요가 없다고 오해하였다. 그래서 바울은 "누구든지 일하기 싫어하거든 먹지도 말게 하라"(살후 3:10)고 했다. 또 어떤 이들은 "그리스도가 도적같이 임하시면 누가 그를 영접 할 수 있을 것인가?"하고 동요했다. 그래서 바울은 성도들에게

깨어 있는 사람들에게는 재림이 갑자기 오는 것이 아니라 주님께서 마 24:3-14에서 말씀하신대로 몇 가지의 징조가 미리 있을 것을 설명한 것이다. 그리고 전서의 내용이 후서에 반복된 것은 사실이나 그 이유는 전서에서 오해된 부분을 다시 설명하기 위해서 필요상 되풀이 된 것 뿐이다.

② 데살로니가 후서를 바울이 기록하지 않았다고 주장하는 자유주의자들은(schmidt, Kern, holtzmann) 그 이유로 두 서신의 어조가 차이난다는 것을 이유로 들고 있다. 즉, 전서는 따뜻하고 애정 어린 표현인데 비해 후서는 좀 더 형식적이고 차갑다는 것이다. 그러나 이것은 말도 안 된다. 왜냐하면 저자가 언제나 꼭 같은 어조로 말해야 한다는 법은 없다. 그것은 환경과 상황에 따라 얼마든지 달라질 수 있는 것이기 때문이다.

③ 데살로니가 전, 후서는 그 각각의 수신자가 다르다고 하르낙(A. von Harnack)은 주장한다. 다시말해서 전서는 이방인에게 보낸 것이지만 후서는 1:6-10 ; 2:1-12을 보아 구약에 관한 많은 지식을 전제한 것이므로 유대인들에게 보낸 것이라고 한다. 그런데 이러한 주장은 이방인들이 유대인들의 묵시문학에 대해서 전혀 모른다는 전제 하에서만 가능한 이론이다. 그러나 사도행전을 보면 초대교회의 설교, 즉 바울의 이방 설교를 보면 많은 구약이 인용되고 있고 이방인을 위한 복음인 마가복음에도 묵시문학적 요소(특히 13장)가 많이 포함된 것을 보면 하르낙의 견해는 지지를 받지 못한다. 따라서 데살로니가 전, 후서는 모두 바울이 그 기록자인 것이다.

2. 기록 연대와 장소

데살로니가 전, 후서의 기록 연대는 비교적 정확히 알 수 있다. 왜냐하면 그 이유는 바울이 고린도에 18개월 간 머물면서 전도하는 동안 기록된 것이 확실하기 때문이다. 그런데 행 18:12에 의하면 바울이 고린도에서 지방 총독인 갈리오 앞에서 재판받게 되었다고 하였다. 이것을 통하여 데살로니가의 연대를 결정할 수 있는 근거를 발견한다.

그런데 당시 델피의 비문에 의하면 갈리오는 A.D. 51년-52년에 아가야의 총독으로 있었다고 한다. 또 행 18:11에는 바울이 고린도에서 1년 6개월 동안 전도한 후에 갈리오 앞에 선 것으로 기록하고 있다. 따라서 바울은 고린도에 50년 초에 와서 51년 늦은 여름에 이곳을 떠났으므로 50년 봄에 전서가, 그리고 2, 3개월이 지난 50년 여름에 후서가 각각 기록된 것으로 보인다.

3. 기록 목적과 특징

바울은 데살로니가 교회를 세운 후에 그곳에서 계속 전도하며 이미 이루어 놓은 교회가 튼튼하게 성장하기를 원했다. 그러나 그의 동역자 야손이 재판정에 섰을 때 다시는 바울을 데살로니가에 오지 않게 한다는 맹세가 있었으므로 그와 다른 형제의 안전을 염려한 바울은 데살로니가로 가지 않고 대신 디모데를 보내어 그들의 형편을 살피게 했다. 얼마 후 디모데가 가져온 소식은 대체로 마음 든든한 소식이었다. 그러나 그 보고 가운데 바울의 마음을 괴롭히는 두 가지 소식이 있었는데 첫째는 데살로니가 교회가 핍박을 받는다는 것이고, 둘째는 잘못된 종말론에 대한 것이었다. 더욱이 여기에다가 바울의 인격과 전도 사업에 대한 혹평자들이 나타난 것이었다.

이러한 형편 때문에 바울은 다시 데살로니가를 방문해야 했지만 야손이 재판정에서 행한 맹세로 인해 편지를 디모데 편으로 보내게 되었다. 그 후 2, 3개월 후 바울은 디모데를 통하여 핍박에도 불구하고 데살로니가 교회는 그리스도에 대한 충성이 변함이 없다는 보고를 받았다. 그러나 몇몇 신자들에 의해 주장된 잘못된 종말론은 지나치게 재림을 임박한 것으로 오해한 나머지 열심히 일하거나 돈을 벌 필요도 없는 것으로 이해하고 있는 것을 알게 되었다. 그래서 바울은 다시 데살로니가 후서를 기록하게된 것이다.

본 서의 특징은 그리스도의 재림을 주제로 하고 있으며 매 장마다 그리스도의 재림에 대하여 적어도 한 번씩 언급하고 있다. 당시의 종말론적인 교훈의 특징은 살전 4:17에 잘 나타나 있다. "그 후에 우리 살아남은 자들도 그들과 함께 구름 속으로 끌어 올려 공중에서 주를 영접하게 하시리니 그리하여 우리가 항상 주와 함께 있으리라" 이 구절은 마태복음 24장의 종말론적인 교훈과 고전 15장의 부활장 및 계시록과 함께 신약의 예언서에 해당한다.

4. 내용

1. 데살로니가 전서

* 주제 : 새 교회의 성장

1. 인사(1:1)
2. 데살로니가 교회의 상태(1:2-10)
   a. 그 교회의 특징(1:3)
   b. 그 교회의 택하심(1:4-7)

c. 그 교회의 평판

3. 사도와 데살로니가 교회와의 관계(2:1-3:13)

a. 그 교회에 대한 바울의 태도(2:1-12)

b. 데살로니가인들이 바울을 받아들인(2:13-16)

c. 그 교회에 대한 바울의 염려(2:17-3:10)

d. 그 교회를 위한 바울의 기도(3:11-13)

4. 데살로니가 교회의 여러 문제들(4:1-5:11)

a. 성윤리에 대한 문제(4:1-8)

b. 사회적 처신에 대한 문제(4:9-12)

c. 죽은 자의 상태에 관한 문제(4:13-18)

d. 때와 시기에 대한 문제(5:1-11)

5. 결론적 권면과 문안(5:12-28)

2. 데살로니가 후서

* 주 제 : 데살로니가 교회의 대망

1. 인사(1:3-12)

2. 핍박 속의 감사(1:3-12)

a. 성장을 감사(1:3, 4)

b. 서신의 목적을 감사(1:5)

c. 종국적 기대(1:6-10)

d. 기도(1:11, 12)

3. 종말론적 사건들에 대한 설명(2:1-17)

a. 조용한 가운데 경성해 있을 것(2:1, 2)

b. 배도에 대한 예고(2:3-7)

c. 적그리스도의 출현(2:8-12)

d. 믿음의 자세에 대한 고무(2:13-17)

4. 준비에 대한 권면(3:1-5)

a. 기도에 대한 권면(3:1-5)

b. 근면에 대한 권면(3:6-15)

5. 축도와 인사(3:16-18)

바울 신학은 이 세대와 다가오는 세대와의 이원론적 구조 위에 기초하고 있다. 그러나 종말론적인 시간을 현재와 구별된 미래의 사건으로만 보지 않고 이미 역사 속에 시작된 구원사적인 사건으로 보았다. 축복은 그리스도의 죽음으로서 이루어진 것으로 이미 현재에 체험할 수 있는 것이라고 했다. 즉 그리스도의 죽음으로 신자들은 이 불의한 세대에서 이미 구원을 받았고 그리스도의 나라의 생명을 맛보고 있는 것이다. 따라서 신자들은 이 세대와 다가오는 새 시대의 긴장(tension)속에 살고 있는 것이다.

데살로니가서에 나타난 종말론에서 바울은 "죽음"을 "잠자는 것"으로 이해했다. 이것은 죽음을 모든 활동과 의식의 정지를 뜻하는 것으로 보는 것이 옳지 않다는 것이다. 왜냐하면 빌 1:20의 말씀대로 사는 것과 죽는 것은 서로 반대되는 것이 아니라 오히려 후자는 전자의 결과이기 때문이다. 다시 말하면 죽음이란 그리스도와 함께 거하는 것이다. 이것은 결코 어떤 중간 상태를 의미하는 것이 아니다. 그러면 왜 죽음을 잠자는 것으로 표현하였을까? 그것은 예수님이 복음서에서 사람을 살리실 때 자주 사용하신 표현으로 잠이란 깨어나는 것을 전제로 하듯이 죽음도 마지막이 아니라 부활을 전제로 하기 때문이다.

그러면 주님의 재림과 부활의 관계는 어떤 것인가? 살전 4:16-17에 그 해답이 있는데 "주께서 호령과 천사장의 소리와 하나님의 나팔 소리로 친히 하늘로부터 강림하시리니 그리스도 안에서 죽은 자들이 먼저 일어나고 그 후에 우리 살아 남은 자들도 그들과 함께 구름 속으로 끌어 올려 공중에서 주를 영접하게 하시리니 그리하여 우리가 항상 주와 함께 있으리라"는 이 말씀에 비추어 보면 군대를 호령하는 장군처럼 예수님의 호령과 천사장의 소리를 신호로 죽은 자들이 부활한다고 했다. 부활의 순서는 그리스도 안에서 이미 죽은 자들이 성체로 먼저 일어나고 그 후에 살아남은 성도들이 나팔 소리와 함께 순식간에 거룩한 몸으로 변하여 공적으로 주님을 영접하게 될 것이라는 것이다.

놀라운 것은 주님의 재림은 우주적이며 가시적이고 들을 수 있게 임한다는 것이다. 하나님의 나라가 임하는 순서는 그리스도의 메시야적 통치가 우선적으로 이루어지고, 다음으로 재림과 함께 성도들이 그리스도의 부활에 참예하는 것이고, 셋째 단계는 마지막 단계로서 새시대의 시작으로서의 종말이 온다.

데살로니가 후서에 기록된 종말론 중 특이한 것은 그리스도의 재림 이전의 징조이다. 특히 "불법의 사람"은 누구를 의미하는 것일까? 그는 아마도 사단은 아닌 것이 확실하다. 그는 살후 2:9에 "사단의 활동을 따라" 오는 존재이기 때문이다. 그는 아마도 사단과 동일한 존재는 아닐지라도 그와 밀접한 관계를 가진 종말론적인 적그리스도이다. 그러나 이를 "막는 자"가 있다고 성경은 밝히고 있다(살후 2:7).

6과. 바울서신 – 복음서신

고린도 전 · 후서, 갈라디아서, 로마서 이 세 서신들이 복음 서신이라고 불리는 이유는 기독교 복음의 진수인 구원에 대하여 가르쳐 주고 있기 때문이다.

고린도 전, 후서

고린도는 지리적으로 펠레폰네소스와 북부 그리스를 연결하는 지협에 위치하고 있다. 이 지협은 에게해(海)와 아드리아 바다 사이에 육교를 형성한다. 아덴에서 40마일 떨어진 고린도는 아가야 지방의 수도이다. 그래서 로마의 총독이 주재하고 있었고 B.C. 146년에 로마인들에 의해서 파괴되었으나 시저에 의해서 B.C. 46년에 재건되었다. 바울이 이곳에 도착했을 당시는 인구 50만의 도시였다.

여러 곳에서 몰려든 사람들로 이루어진 항구도시였기 때문에 여러 종족들이 가져온 우상으로 혼합주의가 번성했고 특히 아프로디테의 신전이 있어 여기서 행해지는 성창(聖娼)이 번성하여 타락이 극심했다. 그럼에도 불구하고 이 도시는 부유한 도시로서 철학과 수사학의 학자들이 몰려들고 그들을 중심으로 한 학교들이 번성하였고 여기에 따른 사람들의 자부심도 높아 "고린도인의 말"이라는 격언이 생겼는데 그 뜻은 고린도인들의 말이 매우 수사학적이고 달

곰하며 설득력이 있다는 뜻이었다. 그리고 고린도에는 상당히 큰 유대 공동체도 있었다.

이곳에 바울의 선교로 교회가 설립되었는데 그 과정은 행 18장에 자세히 기록되어 있다. 소위 제 2차 전도여행 중 바울은 아덴을 떠나 고린도에 당도해서는 아주 예외적으로 1년 반 정도 머물면서 복음을 전하고 교회를 설립하였는데 그 얼마 전 황제 Claudius에 의해서 모든 유대인을 로마에서 추방하는 칙령이 내렸고 이로 인해 로마에서 고린도로 와서 정착한 브리스가와 아굴라의 집에서 천막 만드는 일을 하며 자비량 선교로 매 안식일 마다 유대 회당에서 복음을 전했던 것이다. 여기서 바울은 상당한 숫자의 유대인과 하나님을 경외하는 이방인을 얻었다. 그리고 회당 옆에 사는 하나님을 경외하는 이방인 유스도의 집에 교회를 세우고 그곳에서 복음을 전하였다. 바울이 1년 반 동안 머물면서 전도한 성과는 대단히 성공적이었다. 유대인들이 바울을 반대하여 아가야의 총독 갈리오에게 고소하기도 했으나 갈리오는 종교적 문제라는 이유로 그 고소를 기각하였다. 이러한 결과는 기독교에 대한 좋은 선례를 아가야를 중심한 이웃 지방에 남겨 바울은 로마 관리들의 간섭 없이 마음놓고 선교할 수 있게 되었다. 그러나 이러한 특혜도 아마 네로 박해로 인해 곧 중단되었을 것이다. 그 후 바울은 아굴라 부부와 함께 에베소로 향해 떠나게 된다.

1. 기록자

1) 고린도 전서

로마의 클레멘트가 로마서를 인용하여 고린도인들에게 편지를 썼는데 즉 고린도서를 바울의 편지로 이해하고 있었다. 그 외에도 「바나바 서신」 4장에도 고전 3:1, 16이 인용되어 있고 「디다케」(Didache) 10장 등에서도 고린도전서 16:22이 인용되어있다. 그러나 가장 중요한 증거는 내증으로 고전1:1;16:21등에서 기록자는 여러 번 자신을 바울이라고 밝히고 있다. 그리고 내용 면에서도 사도행전이나 다른 바울 서신들과 일치하기 때문에 신약성경에서 고린도 전서 이상으로 신빙성 있게 우리에게 전해진 성경도 드물 것으로 본다.

2) 고린도 후서

고린도 후서는 전서만큼 오랜 외증을 갖고 있지는 않으나 폴리갑이 빌립보 교인들에게 보내는 편지에 고후 4:14과 8:21을 인용한 것이나 알렉산드리아의 클레멘트가 1:3을 주석한 것, 그리고 이레니우스가 그의 유명한 저술 「이단 논박」(Against Heresies)에서 고후 2:15-16을 인용한 것 같은 강력한 외증을 갖고 있다.

내증으로는 고후 1:1;10:1에서 기록자는 자기 자신을 바울이라고 부르고 있고 문체와 어휘 등도 다른 바울 서신과 일치된다. 따라서 고린도 전, 후서는 모두 바울이 기록한 것이 분명하다.

2. 기록 연대와 장소

역사적 배경의 복잡성 때문에 기록 연대를 확정하는 것은 거의 불가능하다. 특히 후서의 경우 더욱 그러하다. 그래서 하르낙은 53년, 터너는 55년, 램지는 56년, 거스리는 57년, 메릴 테니는 55년 등 여러 가지 이견이 있다. 전서의 연대는 후서의 "일 년 전에"(고후 8:10;9:2)라는 말에 의해 좌우된다. 그러므로 전서는 후서보다 일년 전에 기록되었다고 볼 수 있다.

그러면 그 연대는 언제인가? 아볼로가 고린도 있는 동안 바울은 에베소에서 3년 간 전도활동을 했다(A.D. 52-55). 많은 사람들이 이 무렵 고린도 교회의 음행에 관한 이야기를 소문으로 듣고 쓴 것이라고 한다.

그 후 고린도 교회의 상황은 점점 더 악화되었고 드디어 고린도 교회의 지도자인 스데바나와 브드나도, 아가이고가 얼마간의 연보와 함께 명백히 해주기를 원하는 문제를 적은 편지를 가지고 왔다. 그러나 에베소를 떠날 수 없는 바울은 그러한 답신으로 고린도 전서를 쓰게 되었다. 아마도 그때가 주후 55년 겨울이나 가을 쯤이었을 것이다. 왜냐하면 고전 16:8에 오순절까지 머무르겠다고 한 것으로 보아 바로 오순절 직전에 기록한 것으로 보여지기 때문이다. 그러나 에베소에서 가장 순조로웠을 때인 55년 겨울이라는 확정된 주장도 있다.

3. 기록 목적과 특징

1) 고린도 전서

바울은 여러 사람을 통해서 들은 고린도 교회의 문제들을 시정하려고 고린도 전서를 썼다. 특히 그는 분쟁에 대해서 책망했다(고전1:10-4:21). 분쟁에 대한 책망 후에 바울은 계속해서 음행(고전 5:1-13)에 대하여 신랄하게 꾸짖고 또 성도간의 분쟁 문제에 대해서는 세속 법정에 가지 않도록 권면했다(고전 6:1-8). 그리고 7장 이하는 그들이 편지로 질문한 내용에 대해서 답변하고 있는데

"너희 쓴 말에는"(고전 7:1)이라는 말로 시작된다. 여기서는 결혼의 필요성과 문제점, 교회 안의 여인들의 행실, 성찬식 문제, 방언과 예언의 문제, 부활한 몸의 성격 등에 대해서 분명한 답을 주려고 한 것이 고린도 전서를 기록한 목적이다.

2) 고린도 후서

고린도 후서를 쓴 목적은 먼저 바울이 아시아 즉 에베소에서 고난당한 목적이 무엇이며 왜 그가 고린도 방문의 계획을 변경했는지를 설명하고 고린도 교회의 부흥에 대한 그의 기쁨을 표현하고 거짓 교사들에게서 분리할 것과 바울 자신의 사도직에 대한 변호를 하기 위한 것이었다.

고린도 후서의 특징은 바울 서신 가운데서 가장 자서전적이라는 것이다. 여기서 바울은 다른 어떤 서신에서도 찾아 볼 수 없는 자신의 개인적인 생활과 전도에 대하여 서술하고 있다. 바울에 대한 거짓 공격 때문에 일반인들에게 알려지지 않은 사건과 비밀을 공개해 준다. 바울은 자신을 다음과 같은 말로 소개한다. "내가 다시 말하노니 누구든지 나를 어리석은 자로 여기지 말라 만일 그러하더라도 내가 조금 자랑할 수 있도록 어리석은 자로 받으라 내가 말하는 것은 주를 따라 하는 말이 아니요 오직 어리석은 자와 같이 기탄없이 자랑하노라"(고후 11:16-17). 이러한 소개는 12:11에서 끝나는데 그 사이에 자신에 관한 많은 것을 소개하고 있다. 또 고린도 후서는 바울을 가는 곳마다 괴롭혔던 거짓 교사들의 성격과 계략에 대해 자세히 설명하는데 그들은 유대인이고 자칭 그리스도의 종이라고 주장한다. 그러나 그들은 거짓 사도들이요 의의 일꾼으로 가장한 사탄의 일꾼들이며 바울의 용모와 어눌함을 비난했다. 또 바울이 그의 영적 봉사의 대가로 돈을 받지 않는 것을 비난했고 바울의 사도성까지 의심했다. 바울은 그들을 다른 신앙의 지지자로 보고 하나님의 저주에 맡겨 버렸다.

고린도후서는 또 사탄의 인격과 활동에 대해서 강조를 한다. 바울은 사탄을 이 "세상의 신", "뱀", 가장한 "광명한 천사"라고 했다. 그리스도인과의 관계에서 사탄은 용서하지 못하도록 하고 성도들의 마음을 속이고 부패하게 하고 불신자와의 관계에서는 사탄은 그들의 마음을 묶어서 복음의 메시지를 거절하게 하고 인간의 의를 앞세워 하나님의 의를 받아들이지 못하도록 한다고 했다.

4. 내용

1) 고린도 전서

1. 인 사(1:1-9)

2. 글로에의 보고에 대한 답변(1:10-6:20)

 1) 교회 내의 분쟁 문제(1:10-4:21)

  a. 구원의 바른 개념(1:10-4:21)

  b. 그들의 과거에 대한 바른 평가(1:26-31)

  c. 성령의 사역에 대한 바른 이해(2:1-13)

  d. 육에 속한 자와 영에 속한 자(2:14-3:3)

  e. 전체적 목회에 대한 이해(3:4-4:21)

 2) 음행에 대한 문제(5:1-13)

 3) 불신 법정 소송에 대한 비판(6:1-8)

 4) 성의 악용에 대한 비판(6:9-20)

3. 고린도 교회의 편지에 대한 답변(7:1-16:9)

1) 결혼과 이혼 문제(7:1-24)

2) 처녀에 대한 문제(7:25-40)

3) 우상 제물에 대한 문제(8:1-11:1)

a. 일반 원칙(8:1-13)

b. 자제의 원리(9:1-27)

c. 과거의 교훈(10:1-22)

d. 기독교 자유의 원리(10:23-11:1)

4) 공중 예배 문제(11:2-16)

a. 여자들의 수건을 쓰는 문제(11:2-16)

b. 성만찬 문제(11:17-34)

5) 영적 은사문제(12:1-14:40)

a. 은사의 종류(12:1-14:40)

b. 은사의 필요성(12:12-31)

c. 은사의 실천인 사랑(13:1-13)

d. 예언과 방언(14:1-40)

6) 부활의 문제(15:1-58)

a. 부활은 복음의 중심(15:1-11)

b. 그리스도의 부활의 필요성(15:12-34)

c. 부활한 몸의 성격(15:35-50)

d. 부활의 시기(15:51-58)

7) 맺는말(16:1-24)

a. 예루살렘 교회를 위한 구제헌금(16:1-4)

b. 바울과 디모데와 아볼로의 방문(16:5-12)

c. 마지막 권면과 인사(16:13-24)

2) 고린도 후서

1. 인 사(1:1-2)

2. 바울의 개인적인 관심사(1:3-2:13)

1) 아시아에서 그가 겪은 고난의 목적(1:3-11)

2) 그의 계획 변경의 이유(1:12-2:4)

3) 범죄자에 대한 충고(2:5-11)

4) 고린도 교회에 대한 바울의 근심(2:12-13)

3. 바울의 복음 사역에 대한 변호(2:14-7:16)

1) 반율법주의적 입장(2:14-3:18)

2) 사탄의 방해(4:1-18)

3) 그리스도의 테스트(5:1-10)

4) 바울의 선교의 본질(5:11-6:10)

5) 분리와 화목에 대한 호소6:11-7:16)

a. 분리(6:11-7:1)

b. 화목(7:2-4)

c. 화목에 대한 설명(7:5-16)

4. 예루살렘 교회를 위한 구제 헌금(8:1-9:15)

1) 마게도니야 교인들의 예(8:1-7)

2) 예수 그리스도의 예(8:8-15)

3) 교회 대표자들의 증언(8:16-9:5)

4) 주는 자의 축복(9:6-15)

5. 사도적 변호(10:1-13:10)

1) 그의 사도직의 정당성(10:1-18)

2) 그의 자천의 이유(11:1-15)

3) 거짓교사들과의 차이점(11:16-33)

4) 사도의 환상과 계시(12:1-10)

5) 사도의 신임장(12:11-18)

6) 악에 대한 경고와 거룩에 대한 권면(12:19-13:10)

6. 맺는말(13:11-14)

갈라디아서

갈라디아는 기독교 자유의 대헌장이라고 불리는 책이요 그리스도인의 자유의 선언서라고 불리는 책이다. 이 서신은 특별히 16세기 종교개혁 당시 루터로 하여금 이신득의(以信得義)의 진리에 눈을 뜨게 해준 책이기도 하다. 그래서 루터는 "나는 갈라디아서와 결혼을 했다, 이 서신은 내 아내다." 라고 할 정도였다.

원래 갈라디아란 지방의 이름이며 그 지방은 대단히 넓어 어디를 가리키는 것인지 명확치가 않다. 바울이 제 1차 전도 여행 시 세운 로마의 행정 구역인 갈라디아(행 13-14장에 있는 비시디아 안디옥, 이고니온, 더베)에 보낸 것이라는 견해가 남갈라디아설이고, 본래 북부 갈라디아인들의 영토에 사는 갈라디아 종족에게 보냈다는 설이 북갈라디아설이다. 즉 갈라디아란 말이 행정적인 지칭이냐, 아니면 종족적인 지칭이냐의 문제인 것이다. 이 두 견해는 서로 팽팽히 맞서고 있어 결정을 내리기에는 매우 어려우나 F. F. 브루스와 램지(W.Ramsay)등의 주장과 같이 남갈라디아설이 좀 더

유력한 견해라고 할 수 있다.

1. 기록자

튜빙겐 학파까지도 바울의 기록임을 인정할 정도로 강한 외증과 내증을 가지고 있다. 먼저 로마의 클레멘트는 그의 「고린도인에게 보내는 편지」에 갈 3:1을 암시하고 있고 폴리갑은 그의 「빌립보인에게 보내는 편지」에서 갈 6:7;4:26;4:18을 각각 인용하고 있다. 그리고 구라틴어역과 구수리아역, 그리고 무라토리의 정경에도 나타나 있다.

내증으로는 기록자는 두 번이나 자신을 바울이라고 설명하고 있다(갈 1:1; 5:2). 그 뿐 아니라 내용도 당시 바울의 심리적 활동을 자세히 말해주고 있어서 어떤 표절자도 미칠 수 없는 서신이므로 우리는 바울을 기록자로 본다. 바울의 기록을 부인하는 사람으로는 18세기 말 화란의 신학자들과 최근에는 맥과이어(F .R. McGuire)가 있으나 그 근거는 매우 희박하다.

2. 기록 연대와 장소

남갈라디아설을 받아들일 경우 이것이 데살로니가 전, 후서 이전에, 즉 제1차 전도여행을 끝마치고 썼을 가능성이 없지 않다. 그러나 갈라디아서의 내용을 통해서 볼 때 고린도 후서와 거의 같은 때에 쓰여졌을 가능성이 더 많다.

행 13:14-14:23에 보면 바울과 바나바는 제1차 전도 여행 때 갈라디아 지방에 여러 교회를 세운다. 이때의 일을 바울은 갈 4:13에 "내가 처음에… 너희에게 복음을 전한 것을 너희가 아는 바라"

고 기록하고 있다. 3차 전도 여행 시 바울은 에베소에 3년이나 있었으며 이 기간 동안 고린도서를 썼다. 그런데 바울이 남갈라디아에 오랫동안 없는 틈을 타서 팔레스타인에서 온 유대인 교사들이 바울과 그의 교훈을 정면으로 부정하고 나섰다. 그들은 바울의 사도적인 권위는 물론, 그의 은혜의 교리도 부정하면서 모세의 율법을 지켜야 한다고 주장했다. 상황이 심각해지자 바울은 갈라디아로 돌아갈 수는 없고 그래서 편지를 써서 문제를 해결하려 했던 것으로 보인다.

신성종 박사는 바울이 3차 전도여행 중에 고린도 후서를 기록한지 얼마되지 않아서 마케도니아에서 갈라디아서를 급히 기록한 것으로 보고 그 연대는 A.D. 56년경으로 보았다.

3. 기록 목적과 특징

갈라디아서의 기록 목적은 1장, 2장에 나타난다. 즉 바울의 사도적 권위와 메시지에 대한 유대교의 공격에 대해 변호하려는 것으로 기록 당시 바울은 매우 분개하고 있었던 것 같다. 더욱이 예루살렘 공회의 결정(행 15장)도 잊어버리고 할례를 구원의 결정적인 요소로 본 것과 바울의 사도성을 정면으로 부인한 이 거짓 교사들의 행동을 그냥 보고 있을 수가 없어서 바울은 3장-4장에서 이신득의의 교리를 설명하고 변호한 것이다. 그리고 마지막 5장-6장에서는 언제나 그러하듯이 실생활에 대한 교훈을 통하여 성령에 의해서 지배되는 생활을 강조한 것이다.

가장 두드러진 특징은 '율법이냐? 복음이냐?' 를 양자택일할 것을 요구하는 선언문이기 때문에 바울의 열정과 웅변적인 표현이라고 할 수 있다. 그리고 바울이 친필로 쓴 것도 들 수 있다(6:11). 그뿐 아니라 바울이 이 글을 기록할 때 갈라디아 교회가 유대교로 전향해 간다는 소식을 듣고 엄한 어조로 썼기 때문에 "사랑"이라는 용어가 별로 등장하지 않는다(5:12-22은 예외). 그러나 갈라디아서는 흥분과 감정에 못 이겨 기록된 것이 아니라 기독교의 복음과 개혁 정신을 보수하기 위해서 기록한 것이다.

4. 내용

1. 인사말(1:1-10)
   1) 인사(1:1-5)
   2) 기록한 동기(1:6-10)
2. 복음의 기원(1:11-2:21)
   1) 그리스도의 직접계시(1:11-24)
   2) 복음에 대한 사도들의 보증(2:1-10)
   3) 바울 일관성있는 행위(2:11-21)
3. 복음의 본질
   1) 일관성 없는 갈라디아 교인들(3:1-5)
   2) 믿음으로 의롭게 된 아브라함(3:6-9)
   3) 율법의 저주(3:10-14)
   4) 율법의 목적(3:15-18)
   5) 약속에 대한 율법의 관계(3:19-22)
   6) 믿음 아래 있는 상태에 탁월성(3:23-4:11)
   7) 바울과 갈라디아인의 관계(4:12-21)
   8) 두 언약의 대조(4:22-31)

4. 복음의 응용, 그리스도인의 자유에 대한 실제적인 교훈(5:1-6:10)

   1) 자유의 바른 행사(5:1-12)

   2) 사랑의 계명(5:13-15)

   3) 성령과 육체의 충돌(5:16-26)

   4) 성령을 좇아 사는 생활(6:21-10)

   5) 유대주의자에 대한 경고(6:11-16)

5. 맺는말(6:17-18)

로마서

로마서는 바울의 서신들 중에서 최대의 서신임에 틀림이 없다. 그래서 경건주의 신학자인 스페너(Spener)는 로마서를 "성경이라는 반지의 보석과 같다"고 극찬하기도 했다. 따라서 어거스틴, 루터, 칼빈 등이 로마서 연구에 많은 시간을 투자한 것은 당연한 일이다. 이처럼 로마서가 성경 가운데서 진수가 되는 것은 의심의 여지가 없다. 그러면 왜 그럴까? 그것은 예수 그리스도의 복음의 진수를 가장 분명하게 설명하고 해석하고 있기 때문이다. 로마서가 신약성경 가운데서 얼마나 중요한 위치를 차지하는가는 이 서신을 통해 교회사에 나타난 위대한 인물들이 얼마나 많은 영향을 받았는가만 보아도 알 수 있다. 위대한 신학자는 물론이고 심지어 이단이 되려고 해도(?) 로마서를 연구해야 할 정도로 로마서는 기독교 신학의 기둥이라고 할 수 있다.

그러면 로마 교회와 로마에 대해서 알아보자. 원래 로마는 B.C.

753년에 세워졌다고 하는데 자세한 역사적인 기록은 없고 전설에 근거할 뿐이다. 전설에 의하면 군신(軍神, Mars)의 아들인 로무루스(Romulus)가 악한 친척들에 의해 쫓겨난 뒤 늑대와 목자의 아내에 의해서 그 생명을 건졌다고 한다. 그 후 그가 왕이 된 후 그 도시를 자신의 이름을 따서 "로마"라고 부르게 되었다고 한다. 신약 시대 로마의 인구는 백만이 넘었다고 하며 대부분이 노예들이었다. 당시 로마 제국의 중심으로서 인종과 종교의 국제 시장이라고 할 만큼 세계 각국의 사람들이 모여든 것은 말할 필요도 없고 사원만도 420개가 넘었다고 한다. 그리고 이곳에는 폼페이의 팔레스타인 점령 이후 많은 유대인들이 살고 있었다고 한다. 바울 당시 로마는 영국에서 아라비아에 이르는 로마 제국의 수도였다. 로마는 당시 상업적으로나, 정치적으로나 세계의 중심지였으며 사람들의 왕래가 빈번한 곳이었으며 로마의 평화(Pax Romana)는 안전한 여행을 보장하였고 잘 포장된 도로로 말미암아 "모든 길은 로마로 통한다"는 말이 유행할 정도로 교통의 중심지이기도 했다.

로마 교회의 기원에 관해서는 로마 가톨릭과 개신교 사이에 이견이 많다. 로마 가톨릭은 행 12:17에 나타난 베드로의 행선지를 로마로 보고 A.D. 47년에 베드로가 세웠다고 주장하나 행 2:10에 보면 오순절 때 각지에서 몰려든 사람들 중에 "로마로부터 온 나그네"가 있었다고 하는데 이들에 의해 세워졌을 가능성이 많다. 그리하여 바울이 로마서를 쓸 무렵에는 로마엔 벌써 번성한 믿음의 공동체인 교회가 있었던 것이다. 이 로마 교회는 유대인과 이방인이 섞여 있었으며 갈라디아 교회와 달리 심각한 반목은 없었으나 서로를 경멸하는 경향이 없지 않았다. 로마서가 쓰여지기 얼마 전에는 정부 당국자와의 충돌도 있어서 성도들은 의심을 받고 있는 형편이다. 그것은 황제에 대한 반역의 죄목이었다. 몇 년 후에는 네로 황제가 로마시의 화재에 대한 책임을 기독교인들에게 씌워 핍박을 시작했는데 전설에 의하며 베드로와 바울은 이 때 순교했다고 한다.

1. 기록자

로마서의 기록자가 사도 바울임은 자명하다. 로마서는 바울의 저작이라는 강한 외증과 내증을 가지고 있다. 로마의 클레멘트, 익나티우스의 편지, 저스틴의 편지, 폴리갑의 편지, 히포리투스(Hippolytus)의 「이단 논박」 등에서 로마서를 많이 인용, 발췌하고 있다. 내증도 역시 강한데 기록자는 자신을 바울이라고 했고(1:1) 바울을 뜻하는 이방인의 사도(11:13;15:15-20)란 말로 자신을 밝히고 있다. 내용 면에서도 다른 바울 서신과 밀접하게 관련되어 있으므로 로마서의 기록자가 바울이란 점은 추호도 의심의 여지가 없다.

바울은 길리기아 다소 출생으로 본명은 사울이며 벤나민 지파의 사람으로 당시 최고의 교법사인 가말리엘의 문하에서 바리새인으로 교육을 받았고(행 22:3) 로마의 시민이었다. 그래서 그는 가말리엘에게서는 구약의 법을 배우고 다소의 헬라적인 문화 배경에서는 스토아 철학을 통달했다. 그리고 그 위에 로마의 존엄한 문화의 혜택을 받은 것이다. 그러므로 바울은 자기 백성, 유대인들에게는 성경의 법으로 변론할 수 있었고, 헬라인들에게는 유창한 헬라어로 변론할 수 있었으며 로마 사람에게는 떳떳하게 자신이 로마 시민임을 말할 수 있었던 것이다.

2. 기록 연대와 장소

로마서 15:22-29에 의하면 바울이 예루살렘으로 떠나기 직전에 쓴 것으로 본다. 15:23과 1:13에 기록된 바 바울은 오랫동안 그리고 여러 번에 걸쳐서 로마에 가고자 했다. 행 21:7이하에 기록된 대로 바울은 예루살렘에서 잡혔는데 그때가 대략 A.D. 58년-59년 경이었다. 그러므로 로마서를 기록한 것은 고린도에서 A.D. 56년 경이라고 보는 것이 좋겠다.

3. 목적과 특징

1) 목적

로마서에 있어서 년대나 장소는 문제가 되지 않는다. 오히려 로마서에 있어서 가장 중요한 문제는 로마서를 쓴 목적이다. 바울이 로마서를 직접 기록한 목적은 스페인 전도를 위한 로마 교인들의 협력을 얻으려는데 있었다. 그러기 위해서 바울은 로마 교인들에게 기독교 교리의 진수를 설명한 것으로 보인다.

2) 특징

로마서의 특징은 서신이라기 보다 논문과 같은 느낌이 많이 든다는 것이다. 다른 서신보다 서론이 다소 긴 것도 특징이며 결론 부분에 많은 사람의 이름이 거론되는 것도 특이하다. 그리고 구약이 많이 인용되고 있으며 많은 구약 용어들이 사용되고 있다. 바울 서신에는 "기록되었으되"(γεγραπαται)란 말이 로마서에 가장 많이 나오는데 전체의 반 이상이 로마서에서 사용되고 있다. 뿐만 아니라 로마서의 용어는 많은 신학적 의미를 가진다. 죄, 진노, 사랑, 율법, 의, 칭의 등이 그런 것이다.

4. 내용

1. 서론(1:1-17)
   1) 인사(1:1-17)
      a. 저자(1:1-5)
      b. 수신자(1:6,7a)
      c. 문안(1:7b)
   2) 목적(1:8-15)
   3) 주제(1:16-17)
2. 하나님의 의의 필요성(1:18-32)
   1) 이방세계의 타락(1:18-32)
   2) 비판자에 대한 정죄(2:1-16)
   3) 유대인의 난제(2:17-3:8)
   4) 보편적인 저주(3:9-20)
3. 하나님의 의의 천명(3:21-8:39)
   1) 의의 수단(3:21-31)
   2) 의의 기반(4:1-25)
   3) 의의 획득(5:1-21)
   4) 실제적 의에 대한 조망(6:1-7:25)
   5) 의의 결과들:성령 안에서의 생활(8:1-39)
4. 의와 유대인과의 관계(9:1-11:36)
   1) 이스라엘의 택하심(9:1-33)

2) 이스라엘의 구원(10:1-21)

3) 이스라엘의 실패(11:1-36)

5. 교회생활에 대한 의의 적용(12:1-15:13)

1) 거룩함에 대한 요구(12:1,2)

2) 성령 은사의 사용(12:3-8)

3) 개인적 관계(12:9-21)

4) 정치적 관계(13:1-7)

5) 공적 관계(13:8-14)

6) 육신적 관계(14:1-15:13)

6. 결론(15:14-33)

1) 개인적 계획들(15:14-29)

2) 기도 부탁(15:30-33)

7. 추신(16:1-24)

1) 문안(16:1-24)

2) 축도(16:25-27)

7. 바울서신 - 옥중서신

바울이 옥중에서 기록한 것은 골로새서, 에베소서, 빌레몬, 빌립보, 그리고 디모데 후서이나 디모데 후서는 성격상 디모데 전서와 디도서에 더 가깝기 때문에 골로새서, 에베소서, 빌레몬, 빌립보 등 네 권만을 분리하여 옥중서신으로 부른다. 옥중서신은 기독론을 중심으로 다루는 것이 그 특징이다.

그런데 옥중서신을 다루는데 있어서 문제가 되는 것은 어느 옥중에서 기록했는가와 옥중서신들의 순서이다. 전자에 관해서는 에베소 옥중이라는 것과 로마에 있는 옥중에서란 견해가 있는데 전통적인 설인 로마의 옥중이란 견해가 더 타당하다. 그 이유는 다음과 같다.

1) 빌레몬 10절에 보면 바울이 옥중에 있을 때 오네시모가 회개하게 되었다고 했는데 오네시모가 주인의 눈을 피하여 도망했으므로 주인의 눈을 피해 에베소 보다는 멀리 로마로 피했을 가능성이 더 크다.
2) 옥중서신의 끝에 주로 등장하는 바울의 동료는 디모데, 데마, 누가인데 이들이 자유롭게 방문할 수 있는 곳은 역시 로마이다.
3) 빌 4:22 에 "가이사의 집 사람"에게 문안을 하는데 그들은 로마 가문에 속한 사람으로 로마에서 옥중서신을 쓴 것이 자연스럽다.

4) 빌 1:20-24, 2:17에 바울이 최후로 당할 비참한 죽음을 생각하고 그의 결의를 표명한 바가 있는데 이 역시도 로마에서 최후의 판결을 기다릴 때 한 말로 생각된다.

옥중서신의 다음 문제는 기록 순서인데 먼저 빌립보서가 제일 먼저냐 나중이냐 하는 문제와 다음은 에베소서와 골로새서 중 어느 것이 먼저 쓰여 졌는가 하는 것이다. 이것은 명확한 증거가 없어 임의적인 면이 많다. 신성종 박사는 빌립보서를 가장 나중에 기록된 것으로 말한다. 그리고 이어서 말하기를 에베소서와 골로새서와의 관계에서는 골로새서가 먼저 기록된 것으로 설명하고 있다.

골로새서

골로새는 오늘날 브리기아 지역으로 에베소에서 동쪽, 즉 내륙으로 100마일 떨어진 곳에 있는 작은 도시이다. 특히 양털과 양털 직물, 그리고 무역이 행해지던 곳으로 페르시아 전쟁 때만해도 중요한 도시였으나 그 후 쇠퇴하였다. 이 도시는 별로 중요한 도시가 아니어서 바울이 편지를 쓴 도시 중에서 가장 의미가 작은 도시였을 것이라고 말할 정도이다.

사도행전에는 바울이 골로새에서 교회를 세웠다는 기록이 없고 다만 행 19:10을 근거로 해서 바울의 동역자인 디모데가 바울이 에베소에서 머무는 동안 라오디게아나 골로새에 교회를 세웠을 것이라는 생각과 라디오디게아나 골로새의 주민들이 에베소로 와서 바울이 전한 복음을 듣고 돌아가서 교회를 세웠을 것이라는 것이다. 다만 확실한 것은 바울은 골로새 교회를 설립하고 목회한 일이 없다는 것이다. 그것은 골로새서 2:1에서 바울이 "육신의 얼굴을 보지 못한 자"라고 말한데서 잘 드러난다. 골로새서 2:13에 의하면 거의가 이방인으로 이루어진 교회인 것 같고 "무할례"란 말도 이방인을 지칭하는 표현이다.

1. 기록자

골로새서의 기록자는 여러 학자들에 의해 바울이 아니라고 부정되어 왔다. 골로새서의 문제점은 네 가지로 들 수 있다.

1) 반영지주의 : 영지주의는 주후2C 경에나 나타난다. 그러므로 바울은 골로새서를 기록할 수 없다.
2) 기독론 : 골로새서의 기독론은 바울 서신의 기독론 보다 발전된 것이라는 것이다.
3) 단어와 문체 : 다른 바울 서신과 차이가 있다.
4) 에베소서와의 공통점 : 골로새서가 에베소서를 모방했다.

그러나 이러한 네 가지 지적은 사실과 다르다. 물론 A.D. 2C 전에 영지주의가 발전되지 않은 것은 사실이나 그 이전에 그와 유사한 사상들이 있었음이 1947년 사해사본이 발견되면서 밝혀졌다. 그리고 골로새서의 기독론은 "그리스도의 선재론"인데 이것은 빌립보서에서도 나타난다(빌 2:9-11). 그리고 단어나 문체가 다른 것은 사실로서 바울이 즐겨 쓰는 의, 율법, 구원, 계시 등의 단어는 없으나 바울이 영지주의자를 비판하는 입장이므로 당연히 그들의 용어를 사용한 것이다. 에베소서와의 공통점은 마손(Masson)에 의해서 연구된 것인데 두 책이 2/3 정도가 공통적인 단어를 쓰고 있으나 골로새서가 반드시 에베소서 보다 나중에 기록되었다는 전제가 없이는 불가능하다. 그러므로 이러한 것은 논리적으로 설득력이 약하며 에베소서와 골로새서의 공통점은 오히려 거의 같은 시기에 같은 저자에 의해서 기록되었기 때문으로 보는 것이 훨씬 더 자연스럽다.

2. 기록 연대와 장소

옥중서신 서두에서 밝힌 바대로 로마의 옥중에서 A.D. 62년경으로 보인다.

3. 기록 목적과 특징

바울이 아시아를 떠나 2년 이상 있는 동안 골로새 교회는 영지주의 사상을 가진 이단이 일어나 교회를 유혹하고 있었다. 그들의 교리는 유대적 율법주의와 금욕주의, 그리고 영지주의 철학이다. 이러한 이단이 퍼지자 에바브라는 혼자의 힘으로 이것을 해결할 수 없어 로마로 가서 바울에게 상의를 한 것이다. 그러나 옥중에 있는 바울은 골로새를 방문할 수가 없어서 이 서신을 기록한 것이다.

에베소서와 쌍둥이 서신으로 55개 이상의 구절이 단어까지도 닮았다. 그리고 영지주의적 사상과 페르시아의 점성학 및 혼합주의가 나타난다.

4. 내용

1. 머리말(1:1-8)

2. 그리스도의 탁월성(1:9-29)
3. 이단 사상의 경고(2:1-23)
4. 새사람의 생활 표준(3:1-4:6)
5. 맺는말(4:7-18)

에베소서

에베소서는 골로새서와 거의 비슷한 시기에 쓰여 진 쌍둥이 서신으로 에베소는 당시 소아시아의 수도로 예루살렘과 안디옥과 함께 3대 중요 도시 중 하나였다. 바울은 이곳에서 3년 간 전도했고 그 외에도 아굴라, 브리스가, 디모데가 다녀갔다. 본래 바울이 2차 전도여행 때 아시아 지역에서 복음을 전하기를 원했으나 성령이 금했다고 행 16:6에 기록하고 있다. 그래서 바울은 빌립보, 데살로니가, 베뢰아, 아덴, 고린도에서 교회를 설립하고 안디옥으로 돌아오는 길에 에베소에 잠깐 머물렀으나 하나님의 뜻이 있으면 다시 오기로 하고 떠났다(행 18:19-21).

그리고 3차 전도 여행 시 갈라디아와 브루기아를 거쳐 마침내 에베소에 도착한다. 여기서 바울은 세례요한의 제자들에게 성령을 부어주고 두란노 서원에서 교회를 개척하여 2년 이상 머무른다. 아무튼 에베소 교회는 크게 번창하였다. 그것은 아데미 여신상을 파는 사람들이 생활의 위협을 느끼고 시민들을 선동해서 바울을 추방한 것만 보아도 알 수 있다. 그 후 바울은 다시 이곳을 방문하지 못했다.

그러면 이 에베소서의 수신자는 누구인가? 엡 1:1의 "에베소에 있는"이란 구절이 시내사본과 바티칸 사본 등에는 없다. 이에 대해 신성종 박사는 본래 아시아의 여러 교회를 위해 쓰여진 순회 문서로서 "에베소에 있는"이란 란은 공백으로 그것이 보내지는 곳마다 그 공란을 채워서 읽었는데 유독 아시아의 여러 교회들 중에 에베소의 이름이 기록된 것은 그 편지의 최종 수신지가 에베소였기 때문이라고 한다.

1. 기록자

에베소서의 저자 문제는 슐라이어마허 이후 계속 문제가 되어 왔다. 그러나 전통적으로 바울의 기록으로 인정받아 왔고 외증으로는 로마의 클레멘트의 「고린도인에게 보내는 편지」에서 엡 1:18을 인용하고 있다. 그러나 가장 중요한 것은 내증으로 1:1; 3:1에서 바울은 자신의 기록임을 밝히고 있다.

2. 기록 연대와 장소

로마 옥중에서 비교적 자유로운 시간을 가졌던 바울은 골로새에서 시작된 이단들이 에베소와 여러 아시아 교회에 위협이 되고 있음을 알고 두기고 편에 보내기로 하고 에베소서를 기록했다. 그런데 이 두기고가 골로새서의 전달자도 되는 것으로 보아 거의 같은 시기에 쓰여졌다. 즉 A.D. 62년경이었을 것이다.

3. 기록 목적과 특징

에베소서에는 그 목적이 언급되지 않는데 골로새서와 쌍둥이 서신으로서 이단을 막고 에베소 일대의 성도들에게 그리스도의 몸으로서 생활하도록 권고하기 위해서이다.

순회서신이란 것이 큰 특징이다. 그래서 바울이 3년 간이나 목회한 정든 교회이지만 특별히 친근감이 기록되지 않았다. 에베소서는 로마서와 같이 논문과 같은 느낌을 준다. 내용적인 특징은 보편적인 교회를 주제로 하며 성령론에 대해서 강조를 하고 있다.

4. 내용

1. 인사(1:1-2)
2. 영적인 축복(1:3-23)
3. 보편적인 교회와 그 사명(2:1-3:21)
4. 윤리적인 교훈(4:1-6:20)
5. 맺는 말(6:21-24)

빌레몬서

바울 서신 중 25절 밖에 안되는 짧은 서신이다. 내용도 별로 복잡하지 않고 개인적인 성격을 띤다. 많은 이들이 빌레몬서의 가치에 대해 회의를 하나 빌레몬서는 바울의 친서이고 사회문제에 대한 신앙적 대처를 가르쳐주는 중요한 내용을 담고 있다.

여기서 빌레몬은 교회의 이름이 아니라 개인의 이름이다. 빌레몬이 어떤 사람인가에 대한 기록은 없다. 다만 그는 골 4:9, 몬 6절, 7절, 10절을 근거로 볼 때 대충 짐작할 수 있듯이 최소한 골로새 교회의 부호요 지도급 인사였던 것을 알 수 있다. 이러한 빌레몬이 노예를 소유한 것은 당시 로마세계를 알면 쉽게 이해할 수 있다. 로마 제국에는 당시 6,000만 명이나 되는 노예가 있었고 따라서 그리스도인들 가운데서는 노예를 둔 사람들이 많았다. 어떤 사람들은 바울이 빌레몬에게 노예인 오네시모를 놓아주라고 하지 못한 것을 비난하나 당시의 노예 제도는 로마 사회 제도의 기초이며 로마에는 자유인보다 노예가 더 많았다. 그러므로 노예 해방은 제국으로부터 불필요한 오해로 말미암는 핍박을 야기할 수 있는 문제였다. 그리고 노예 제도보다 근복적으로 악한 것은 차별과 인권 유린에 있는데 바울은 사회 제도의 개혁을 통해서 보다, 인간 개혁을 통해 노예 제도를 폐지하려고 한 예수님의 방법을 따랐던 것이다.

1. 기록자

바울이 빌레몬서를 기록했다는 것은 튜빙겐 학파를 제외하고는 널리 인정되고 있다. 그리고 빌레몬 9절, 19절에 기록자는 바울 자신이라고 밝혔다. 그리고 사상, 문체, 감정 등은 철저하게 바울적이다.

2. 기록 연대와 장소

골로새의 빌레몬의 종 오네시모가 주인의 물건을 훔치고 로마로 도망갔다(18절-19절). 그러나 그는 바울의 시중을 들게 되었고 바울은 그를 곁에 두고 싶었으나 빌레몬의 허락 없이는 하고 싶지 않았다. 더욱이 오네시모는 자신의 잘못을 회개했으나 배상은 못했으므로 주인 곁으로 돌아가야만 했다. 때마침 두기고가 아시아에서 파송 되었으므로 그와 오네시모를 동행시켜 빌레몬에게 편지를 써서 회개한 종을 용서해 줄 것을 탄원한 것이다.

기록 연대는 골로새서와 밀접한 관계가 있으므로 A.D. 62년 경 로마의 감옥이다.

3. 기록 목적과 특징

주목적은 오네시모와 그 주인 빌레몬 사이의 화해를 위한 것이다. 그리고 노예 제도와 같은 사회 문제에 대해서 혁명적인 프로그램을 제시하지 않는다. 오히려 기독교인이 취해야할 태도가 무엇인지를 보여준다. 그리고 용서와 화해에 대한 그리스도인들의 태도를 잘 반영해주고 있다. 즉 하나님이 인간을 용서하신 그 사랑을 보여 주어야 할 것을 가르친다.

4. 내용

1. 인사(1절-3절)
2. 빌레몬에 대한 감사(4절-7절)
3. 오네시모를 위한 바울의 탄원(8절-20절)
4. 맺는말(21절-25절)

빌립보서

빌립보는 에게해에서 약 9마일 떨어진 비옥한 평야에 자리를 잡은 도시로 바울이 2차 전도여행 때 방문한 곳이다. 주민의 대부분은 로마 시민이었고 회당이 없는 것으로 보아 아마 반유대적 성격을 가진 도시인지도 모른다. 바울이 이곳에 왔을 때 강가에서 여인들이 그의 설교를 들었고 그 결과로 루디아와 그의 가족을 구원하게 되었다. 그리하여 루디아의 집은 유럽 최초의 교회가 되었다. 그리고 다음으로 귀신들린 여종이 회개하였고 그로 인해 감옥에 간 바울과 실라는 그 감옥의 간수까지도 옥문을 열고 나와 회개시키기에 이르렀다.

그 후 바울은 누가만 남기고 데살로니가로 떠나는데 이것이 빌립보 교회의 설립 배경이다. 빌립보 교회는 바울이 최고의 사랑을 던져준 교회이고 특별히 충성된 부인들이 많았으며 바울을 위하여 위로금도 보내준 교회이다.

1. 기록자

빌립보서는 바울의 저작임은 거의 부인할 수 없다. 그리고 내증 역시도 확실하다(1:1). 역사적인 형편이나 언어와 문체, 그리고 어조 모두가 다 바울이 기록한 것임을 알 수가 있다.

2. 기록 연대와 장소

바울의 옥중서신 중 가장 늦게 기록 된 것으로 그 이유는 빌립보서의 기록을 위해서는 적어도 다음 네 가지의 일이 일어날 시간적인 여유가 있어야 하기 때문이다.

1) 바울이 로마에 도착한 소식이 빌립보에 전해짐
2) 그 후 에바브로디도가 선물을 가지고 빌립보에서 로마로 옴
3) 로마에서 에바브로디도의 병에 관한 소식이 다시 빌립보로 전해짐
4) 빌립보 교인들이 에바브로디도의 병에 대한 소식을 염려하고 있다는 소식이 전해짐

그 후에야 빌립보서가 전달될 수 있기 때문이다. 그러므로 A.D. 62년 경 옥중에서 최후로 기록되었을 것이다.

3. 기록 목적과 특징

빌립보서의 제 1차적인 목적은 빌립보 교인들이 바울에게 재정적인 도움과 더불어 복음사업의 협력자로 에바브로디도를 보내준 것에 감사하기 위해서 쓴 것이다. 그리고 그들의 신앙을 확고히 하고 겸손하게 하기 위해서이다. 그 밖의 목적으로는 바울의 옥중 생활에 대해서 염려하지 말 것, 교회 안에서 단합할 것, 디모데가 곧 그들을 방문할 것을 알리고, 에바브로디도의 병 낫게 된 연유의 설명과 그리고 유대주의자들에 대한 경고 때문이었다.

바울의 서신 중 가장 개인적인 면이 부각되는데 1인칭 단수가 52번이나 등장한다. 또 복음에 대한 강조도 두드러지고 가장 큰 특징은 역시 기쁨의 강조이다. 이 단어는 총 18번 사용된다. 이때 바울은 로마의 옥중에 있었다는 걸 생각해 보면 참 놀라운 일이 아닐 수 없다.

4. 내용

1. 인사 및 감사(1:1-11)
2. 바울의 개인적 환경에 대한 보고(1:12-26)
3. 빌립보 교인에 대한 권면(1:27-2:18)
4. 로마에서 온 소식(2:19-24)
5. 바울의 경고 (3:1-21)
6. 마지막 권면과 인사(4:1-23)

8. 바울서신 - 목회서신

바울서신 중에서 디모데 전, 후서와 디도서를 흔히 목회서신으로 부른다. 이것은 1703년 바르도 (D. N. Bardot)가 사용했고, 1726년 이래 일반적인 명칭으로 정착되었으나 엄밀히 말해서 정확한 표현은 아니다. 왜냐하면 이 서신들은 목회 신학의 안내서가 아니기 때문이다. 그러나 이 명칭은 바울서신을 구별하는데 편리하기 때문에 유용하게 사용된다. 이 목회서신은 어떤 일정한 교회에 보내는 것이 아니라 바울의 동역자요 후계자인 디모데와 디도에게 보내는 것이다. 그래서 이 서신들의 명칭도 개인들의 이름으로 되어있다. 이 세 서신들 중 가장 목회학적 성격이 강한 것은 디모데 전서이고 다음이 디도서 그리고 디모데 후서이다.

목회서신의 중요성은 다음 일곱 가지와 같다.

1) 목회 행정의 주요 원리를 가르쳐 준다.

2) 건전한 교리를 강조

3) 성결된 생활을 강조

4) 교리의 가치를 설명

5) 바울의 생애와 마지막 모습을 보여줌

6) 교회사에 있어서 1세기 후반을 이해하는데 가치 있는 자료를 제공

7) 다른 서신과 마찬가지로 하나님의 말씀

디모데 전서

디모데는 원래 루스드라 출신으로 아버지는 헬라인, 어머니는 유대인이었다. 그는 젊어서부터 외조모 로이스와 어머니 유니게의 경건 생활을 본받았다. 바울의 1차 전도 여행시 바울을 통해 회개했고 그의 영적 성장은 놀랄 정도로 빨라 2차 전도 여행 때는 바울을 수행했다. 그 무렵 그는 할례를 받았고 안수를 받았다. 디모데는 베뢰아, 빌립보, 데살로니가에 교회를 세우는데 협력했고 바울을 도와 에베소에서 일했다. 그 무렵 바울은 디모데를 마게도니아, 아가야 지방으로 보내 자신을 위해 준비하도록 했다. 그리고 바울이 로마에 있을 때도 같이 있었다.

1. 기록자

기록자는 두 말할 나위가 없이 바울임은 너무나 자명하다.

2. 기록 연대와 장소

바울이 1차로 옥중에서 풀려난 것은 A.D. 61년이고 그후 그는 계속해서 디모데와 디도와 누가를 데리고 전도 활동을 하였다. 처음 생각과는 반대로 그는 에베소에 갈 수 있었고 바울은 디모데에게 에베소 교회의 목회를 맡긴 후 마게도니아로 갔다. 생각했던 이상으로 자신의 방문이 길어지자 그는 편지를 써서 디모데를 격려했다. 그러므로 마게도니아에서 A.D. 62년 경 쯤에 기록한 것이다.

3. 기록 목적과 특징

설립된 지 10년이나 되는 에베소 교회에 목회하는 디모데를 격려하기 위한 것이었다. 그가 새로 시작하는 중대한 사업을 돕기 위해 바울은 이 서신을 기록했다. 나이 많고 경험이 풍부한 바울은 자기의 사랑하는 후계자요 제자인 디모데에게 규모로 보나 역사로 보나 큰 에베소 교회의 여러 문제를 어떻게 해결해야 할지를 가르치는데 그 목적을 둔 것이다. 즉 교회에서 필요한 실제 목회원리를 설명하는데 목적이 있다.

4. 내용

1. 인사(1:1-2)
2. 이단에 대한 경고(1:3-20)
3. 예배의 규정(2:1-15)
4. 교회의 직분(3:1-16)
5. 거짓 교리에 대한 경고와 디모데에 대한 권면(4:1-16)
6. 교회 안에 있는 여러 그룹의 문제(5:1-6:21)

디도서

디모데와 달리 디도는 순수한 헬라인이었다. 바울이 디도를 "같은 믿음을 따라 나의 참 아들"(딛 1:4)로 부른 것으로 보아 수리아 안디옥에서 바울의 전도를 받고 회개한 것으로 보인다. 예루살렘 공회에 바나바와 함께 바울이 올라 갈 때 디도를 동행한다. 그것은 이방인의 구원을 위해 할례를 받을 필요가 없다는 것을 예로 들기 위해서였다. 당시 디도의 신앙은 영적인 깊이를 가지고 있었음이 틀림없다. 그렇지 않다면 바울이 디도를 데리고 예루살렘으로 가지 않았을 것이다. 바울은 그를 에베소에서 고린도로 보내어 여러 어려운 문제를 해결하는 밀사로 활약하게 했다. 디도는 고린도 교회에 참된 영적인 관심을 가졌고 바울은 이 사실을 인정했다.

바울은 에베소를 떠나 드로아에서 디도를 만나기로 했으나 만나지 못하여 많은 걱정을 했고(고후 2:12-12) 그래서 마게도니아로 가서 그를 만났다. 이 때 디도는 고린도 교회가 화해하게 된 것을 보고하였다. 이 소식을 들은 바울은 고린도 후서를 디도에게 주어 고린도 교회에 전달하게 하였다. 그 뿐 아니라 디도에게는 구제헌금을 걷어 예루살렘 교회를 돕는 책임도 주어졌다.

전설에 의하면 디도는 그레데의 감독이 되어 그 섬에서 일생을 보냈다고 한다.

1. 기록자

디도서의 저자는 바울이다.

2. 기록 연대와 장소

바울의 두 번째 목회서신인 디도서를 어디서 기록했는지는 정확히 알기는 어렵다. 마게도니아, 에베소, 니고볼리, 고린도 등 여러 곳이 거론되고 있다. 행 27:7-21에는 로마로 가는 도중 바울이 그레데에 잠시 들렀던 것으로 보이는데 그 후 로마에서 잠시 풀려났을 때 그레데로 돌아와 일하다가 디도를 남겨 놓고 떠났다(딛 1:5). 이때 디도의 책임은 그레데 교회를 조직화하는 것이었다. 디도서가 디모데 전서와 더욱 유사한 것은 디모데 전서를 기록한 직후에 기록한 것이기 때문이다. 그리고 디모데 전서와 같은 장소였을 것으로 보이기에 A.D. 62년 경 마게도니아에서 기록된 것으로 본다.

3. 기록 목적과 특징

그 기록 목적은 세 가지이다.

첫째, 디도를 바울이 있는 니고볼리로 빨리 오게하여 그레데의 일을 맡기려 함이다.

둘째, 율법학자인 세나와 전도자 아볼로를 먼저 보내어 그레데인들로 하여금 영적 갈급을 없애기 위해서이다(3:13).

셋째, 디도에게 교회 치리의 방법을 가르치기 위해서이다.

특징은 디모데 전서와 매우 유사해서 장로의 자격, 교회의 여러 그룹에 대해서 취할 태도 등에서 알 수 있다. 그리고 신앙과 행함, 바울과 야고보를 대조하는 것이 얼마나 잘못된 것인가를 보여준다.

4. 내용

1. 인사(1:1-4)
2. 장로의 자격 규정(1:5-9)
3. 이단에 대한 경고(1:10-16)
4. 그리스도인들 사이의 행동 규범(2:1-15)
5. 불신자들에 대한 행동 규범(3:1-11)
6. 맺는말(3:12-15)

디모데 후서

디모데 후서는 바울이 순교하기 직전, 말하자면 그의 마지막 유훈이 담긴 서신이다. 스크로기(Scroggies)는 디모데 후서를 하나님이 만드신 가장 위대한 인물 중 한 사람의 유언이라고 했다.

1. 기록자

디모데 후서의 기록자는 바울이다.

2. 기록 연대와 장소

디모데 후서는 바울이 두 번째 로마의 감옥에 수감되었을 때 기록한 최후의 서신이다. 바울은 석방 후 3년이 못되어 다시 잡혀들어 갔는데 그 원인은 잘 알 수 없다. 그러나 짐작컨대, 네로 박해가 그 원인이 아닌가 한다. 바울의 체포 장소는 아마도 드로아일 것 같은데 그 이유는 그가 아끼는 겉옷과 가죽 성경을 그곳에 두고 왔기 때문이다(딤후 4:13). 그는 너무 갑자기 체포되어 물건을 챙길 시간도 없었다. 그는 순교를 짐작하고 있었고 디모데에게 향한 관심과 죽기 전에 보고 싶은 마음을 에베소에 있는 디모데에게 편지한 것이다. 이때가 바울이 순교한 해인 주후 68년으로 보인다.

3. 기록 목적과 특징

디모데에게 자기 자신의 체험과 기대를 알리고 그를 격려하며 교시하는데 있다. 그래서 바울은 복음을 향해 용감히 나아갈 것과 사역 활동에 관한 교훈, 앞으로 다가올 고통에 대해 경고하며 디모데가 바울을 따를 것, 일찍이 받은 교훈에 설 것과 말씀 전파에 충실할 것을 호소한 후 축도로 끝낸다.

많은 은유와 이상적인 기독교인의 모습을 서술하고 있다는 점이다. 예를 들면 성도간의 가까움을 표시하는 "아들"(2:1), 영력을 신체적 건강에 비유한 "강하고"(2:1), "교사"(2:2), "병사"(2:3), "경기하는 자", "농부" 등이다. "그리스도 안에서"란 표현도 7회나 사용하고 있다.

4. 내용

1. 인사말(1:1-5)
2. 충성과 인내의 권면(1:6-2:13)
3. 거짓 교사 및 이기주의에 대한 경고(2:14-3:17)
4. 마지막 교훈(4:1-8)
5. 맺는말(4:9-22)

제 2 편
히브리서와 공동서신

1과. 히브리서

히브리서는 바울서신(13권)이나 공동서신(7권)과는 많은 점에서 다르다. 히브리서는 먼저 그 형식부터가 보통 서신과는 달라서 수신자와 발신자의 기록 없이 시작하고 전체를 살펴보아도 기록자의 이름이 나오지 않는다. 그래서 히브리서는 차라리 서신이라기 보다는 그리스도의 제사장직에 관한 한편의 교리적 논문과 같은 성격을 띠고 있다. 그러나 히브리서의 후반부는 또 서신의 형태를 취하고 있다. 그래서 히브리서는 "하나의 논문처럼 시작을 해서 설교처럼 진행을 하고 편지처럼 끝을 맺는다."(Rees)

책 이름이 암시를 하듯이 히브리서의 수신자는 히브리인들이다. 그러나 모든 히브리인을 상대로 쓰여진 것은 아니고 유대인으로서 기독교에 입교한 사람을 특별히 대상으로 하고 있다. 신약성경 가운데 민족 이름으로 된 것은 오직 히브리서 하나 뿐이다.

1. 기록자

고대로부터 히 13:23에 "디모데"란 이름이 나옴으로 해서 그와 관련이 깊은 바울의 서신이 아닌가 하고 추측되었다. 그러나 오늘날에는 바울이 히브리서를 기록하지 않은 것은 거의 분명해 보인다. 하지만 이것이 히브리서의 정경성(正經性)에는 조금의 영향도 미치지 못한다. 중요한 것은 성경의 기록자가 누구이냐 하는 것이 아니라 성경의 원저자가 누구이냐? 하는 것에 있기 때문이다. 성경의 원저자는 바로 성령님이시다. 여러 기록자들은 다만 성령님의 영감과 인도하심에 따라 기록한 비서와 같기 때문이다. 따라서 우리는 히브리서의 기록자의 논쟁을 저자의 논쟁으로 혼동해서는 안 될 것이다.

그러면 바울이 히브리서의 기록자가 될 수 없는 이유는 무엇인가? 첫째로, 바울은 언제나 서신의 첫머리에 반드시 자신의 이름을 밝히는데 히브리서에는 아무런 언급이 없다. 둘째로, 바울은 일반적으로 히브리어로 된 구약 성경을 인용하는데 비해 히브리서에는 B.C. 250년에 알렉산드리아에서 번역된 70인경(LXX)을 인용하고 있다. 더욱이 바울은 구약을 인용할 때 그 출처를 밝히는데 비해 히브리서에는 그것이 모호하고 인용구절도 훨씬 길다(히 2:6;4:4). 셋째로, 바울은 그의 서신에서 전반부는 교회적 교훈을, 후반부는 윤리적 교훈을 기록하는 것이 상례인데 히브리서에서는 여기저기 흩어져 있다(2:1-4;3:7-4:14;5:11-6:20 등). 넷째로, 히브리서의 문체나 용어가 바울의 것과 다르다. 그래도 히브리서와 가장 유사한 것을 찾는다면 로마서인데 그것도 후반부에 한해서 이며 단어의 경우 오리겐의 지적 처럼 히브리서는 바울의 단어보다 훨씬 더 유창한 헬라어로 되어 있다. 말하자면 히브리서의 헬라어는 신약성경 가운데 가장 유창한 헬라어를 구사하고 있다.

그러면 도대체 히브리서의 기록자는 누구일까? 이에 대해서는 많은 견해가 있으나 유력한 몇 사람을 다음의 도표와 함께 살펴보고 그 이유를 함께 다루어 보자.

도표에서 보는 바와 같이 우리는 여러 가지 견해에도 불구하고

이름	이 유	주창자
바나바	바나바가 레위인으로 성전 의식에 밝음	터툴리안, 웨스트코트(1889)
클레멘트	클레멘트의 서신과 밀접한 관계	유세비우스, 에라스무스, 레이크
누가	히브리서가 누가의 사도행전과 문학적으로 유사함	에가(1904), 모팟
아볼로	아볼로와 바울, 알렉산드리아와의 관계, 구약과 관한 지식	루터
빌립	빌립 집사가 바울을 예루살렘에 추천하기 위해 보낸 것	램지
실라	바울과 실라의 밀접한 관계, 베드로 전서와의 관계	민스터, 뵈메, 고데(1888)
브리스길라	남편 아굴라의 도움으로 기록, 히 11장에 여성 이름 등장	하르낙(A. Harnak)

만족할 만한 견해를 발견할 수 없다. 다만 오리겐(A.D. 225)의 말대로 "누가 히브리서를 기록했는지 하나님만 아신다"는 선언이 가장 적합한 답으로 보인다. 그러나 중요한 것은 우리가 히브리서의 기록자를 몰라도 히브리서의 내용을 통하여 기록한 사람의 성격은 파악할 수 있다. 즉, 히브리서의 기록자는 헬라 문학에 능통할 뿐 아니라 유대교의 풍속과 제사 제도에 대해서 잘 알고 있었던 유대계의 인물이었을 것이다.

2. 기록 연대와 장소

히브리서의 내용을 헬라어로 잘 살펴보면 제사 제도를 현재시제로 이야기하고 있는 것(7:8;9:6이하 9:13;13:10)과 성전이 아직 서 있는 것(9:8)으로 기록하고 있는 것으로 보아 A.D. 70년 예루살렘 성전이 함락되기 전에 기록했다고 보는 것이 바람직하겠다.

그리고 기록 장소에 대해서는 13:24의 "이달리야에서 온 자들도 너희에게 문안하느니라"에서 그 해답을 찾기는 어려울 것으로 보인다. 왜냐하면 이 구절은 헬라어로 'οι αποτης ιταλιας'인데 그 의미가 모호해서 지금 이태리에 있는 사람을 말하는 것인지, 단순히 이태리 출신의 사람인지 분명치가 않다. 따라서 기록자가 이태리에서 기록한다는 증거가 되지 못하는 것이다.

그러면 어디서 기록한 것일까? 신성종 박사는 기록자가 예루살렘 지리에 밝은 것을 보아 예루살렘에서 여행하기 쉬운 소아시아 지방 어디로 추정했으나 성경 어디에도 단언적으로 말할 수 있는 근거는 없다.

3. 기록 목적과 특징

믿는 유대인들 가운데는 그 신앙이 성장하지 못하고 다시 유대교로 돌아가려는 자들이 있었다(4:1). 그래서 그들에게 그리스도의 인격과 사역이 모세나 천사보다 뛰어나고 아론의 제사보다 더 우월함을 설명하여 그들의 신앙을 굳게 하려는데 그 목적이 있었다. 그리고 히브리서는 기독교의 우월성 뿐 아니라 배교에 대한 경고(6:4-8;10:26-31;12:14-19), 새로운 헌신적 노력(6:1;6:9-12;10:19-39;12:12-17), 및 유대교와의 완전 분리(12:18-13:17)를 다루고 있다.

히브리서의 특징은 첫째, 아주 유창한 헬라어로 되어 있으며 대단히 웅변적이다. 둘째, 구약의 암시 및 인용이 많다. 셋째, 히브리서에는 기독론을 깊이 있게 다루고 20개 이상의 그리스도의 이름과 칭호가 사용되며 특히 그리스도의 직분에 대해서는 제사장직과 왕직을 강조하고 있다. 넷째, 히브리서의 종말론은 현실과 미래, 즉 양면이 다 기록되어 있다. 다섯째, 많은 경고가 기록되어 있고 이 경고는 일곱 개의 "-할까"(μεποτε)라는 말로 연결된 것이 그 특징이다(2:1;3:12, 13;4:11;12:3, 13, 15). 여섯째로, 13개의 권고 가정법(Hortatory Subjunctive)이 있다. 이런 명령형은 직접적이거나 엄한 명령형이라기보다 자기 자신을 포함시키는 것으로 설교자가 많이 사용하는 간곡한 것이다(4:1, 11, 14, 16;6:1;10:22, 23, 24;12:1(두개), 28;3:13, 15).

4. 내용

히브리서의 구조는 다음과 같다.

1:1-4 머리말

1장-2장 천사보다 우월하신 그리스도

3장-4장 모세, 여호수아보다 우월하신 그리스도

5장-7장 아론보다 우월하신 그리스도

8장-10장 그리스도의 제사장직의 특수성

11장-13장 신앙의 우월성

5. 주제

히브리서의 중심내용은 그리스도의 대제사장직이다. 본서는 구약의 제사 제도는 실체인 그리스도의 대제사장직의 그림자에 불과하고, 죄의 문제를 해결할 수 없다고 지적하고 예수 그리스도의 죽음 통해 단번에 인류의 죄의 문제가 해결되었음을 말한다.

구약의 제사제도의 불완전함을 히브리서 기자는 "예물과 제사는 섬기는 자를 그 양심상 온전하게 할 수 없나니"(히 9:9)라는 말로 표현하고 있다. 히브리서에서 "완전"(τελειοω)이란 말은 여러 번 되풀이 되는 용어 중 하나이다. 이것은 그리스도인의 생활의 목표요(6:1-2) 그리스도께서 성취하려하신 목표이기도 하다.

이것을 그리스도께서는 고난을 통해서 얻으셨다고 했다(2:11). 그 뿐 아니라 "그가 거룩하게 된 자들을 한 번의 제사로 영원히 온전하게 하셨느니라"(10:14)고 함으로 만인들에게 완전에 이르는 이 길을 열어 주셨다.

그러면 왜 구약의 제사장들은 불완전한가? 그것은 두 가지 면에서라고 기록하고 있다. 먼저는 구약의 제사장들은 자신이 죄인이기 때문에 먼저 자신을 위해서 제사를 드려야 한다(7:27). 따라서 그들은 죄인이기 때문에 남을 속량하는 역할을 할 수가 없다. 다음으로는 그 제물 자체가 일시적인 효과만 있는 것이기 때문에 날마다 드리지 않으면 안된다(10:1-3). 그러나 그리스도는 인성을 입으신 무죄한 분이다(4:15). 그러므로 그는 대제사장으로서 완전하다. 더욱이 매번 되풀이 할 필요가 없는 완전한 희생 제물을 드리신 것이다. 즉 자신을 그의 택하신 백성들을 위한 속죄 제물로 단번에 드림으로써(7:27) 구약의 제사장과는 다르다는 것을 히브리서 기자는 증명하고 있다. 그래서 히브리서는 그는 "거룩하고 악이 없고 더러움이 없고 죄인에게서 떠나 계시고 하늘보다 높이 되신 이라"(7:26)고 했다.

또 하나 중요한 것은 예수님의 제사장직이 아론의 그것보다 우월하다는 것을 멜기세덱의 반차(계보)를 따라 되어진 것이라는 점에서 증명한 사실이다(5:1, 10). 멜기세덱은 살렘의 왕이요, 제사장으로 아브라함에게 십일조를 받고 축복을 했던 신비로운 인물이었는데 이것은 멜기세덱이 아브라함보다 우월하다는 증명이 된다. 더구나 이론이 태어나기도 전이므로 아론보다 우월한 아브라함이 멜기세덱에게 십일조를 바치고 축복을 받은 것은 이 반차를 따라서 대제사장이 된 그리스도가 아론보다 더 우월하다는 증명이 된다. 여기서 말하는 그리스도의 제사장직은 왕적이며 의로운 제사장이며 평화의 제사장임을 말해준다. 왜냐하면 멜기세덱은 왕을 겸한 제사장이요, 의로운 제사장이요, 살렘(평화란 뜻)의 왕이었기 때문이다.

그러면 왜 멜기세덱의 반차를 좇아 된 제사장직이 레위의 반차를 좇아 된 제사장보다 우월한가? 그것은 레위족의 조상인 아브라함에게서 십일조를 받았을 뿐 아니라 하나님의 맹세에 의한 제사장(시 110:4)이기 때문이다. 아무튼 히브리서는 그리스도의 삼대 직분 중 하나인 대제사장직에 대해서 언급하는 가운데 그 우월성과 효능성, 그리고 그리스도가 드린 제사의 본질에 대해서 설명을 해준다.

마지막으로 히브리서의 또 다른 주요 주제는 그리스도께서 새 언약의 시작이 되셨다는 것이다(7장-8장). 이것은 그가 드린 희생 제물로 인한 결과이다. 히브리서 기자는 세 가지 면에서 이 문제를 다루고 있는데 첫째, 인간적인 설명이다. 히브리어나 헬라어상에서 언약(言約)이란 유언을 의미하는데 유언이란 유언자가 죽을 때 효력을 발생한다. 따라서 새 언약인 신약("새 유언"이란 뜻)

은 예수님께서 죽을 때만 효력이 발생한다(9:15-17). 둘째, 성경의 유추를 사용하고 있다. 즉 모세의 언약이 피로서 비준되었듯이 새 언약도 그리스도의 보혈로 시작되었다는 것이다(9:18-21;10:29;13:20).

마지막으로 히브리서 기자는 신학적인 면에서 새 언약에 대해 결론을 맺는다. 즉 새 언약은 용서를 약속하나 “피 흘림이 없은즉 사함이 없”(9:22)기 때문에 그리스도께서 속죄의 죽음을 죽으심으로 새 언약을 성취하셨다(10:18). 그런데 이 새 언약은 우리 대제사장이신 그리스도의 공로이다.

2과. 공동서신(1)

야고보서, 베드로 전 · 후서, 요한 1, 2, 3서와 유다서 이 7권을 공동서신, 혹은 일반서신(一般書信)이라고 부른다. 여기서 "공동"(καθολικος)이란 "보편적", 또는 "일반적"이란 뜻이다. 즉 어떤 특정한 교회나 개인을 상대로 기록한 서신이 아니라 교회 일반에게 보내어진 서신이다. 이 말은 바울 서신과 구별하기 위하여 사용된 말이었다.

처음 공동서신이라는 말을 사용한 사람은 A.D. 197년 아폴로니우스(Apollonius)이다. 그는 요한 1서만을 공동서신으로 불렀는데 그 후 여러 사람들이 몇 권의 책을 추가하여 A.D. 310년 가이사랴의 유세비우스가 현재의 7권을 공동서신으로 인정하게 되었다. 이것이 제롬의 라틴어 성경에 공동서신이란 이름으로 사용되면서 오늘에 이르렀다.

야고보서

마틴 루터(M. Luther)는 야고보서에 대해 "지푸라기 서신"이라고 비판을 했다. 이는 바울의 이신득의(以信得義)와 정반대의 이행득의(以行得義)를 가르칠 뿐 아니라 그리스도가 아닌 율법을 가르친다고 하여 배척하려 하였다. 이는 바울 신학의 일면만 지나치게 강조한데서 오는 그릇된 결과인 것이다. 물론 야고보서에서는 그리스도의 사역에 대해서는 침묵하고 있지만 그것이 그리스도의 사역을 부인한다는 증거가 될 수는 없다. 비록 "주 예수 그리스도"란 말이 1:1과 2:1에만 나오지만 야고보의 행함에 대한 강조는 그리스도의 사역을 전제로 한 성도의 윤리적인 생활을 다루고 있는 것이다. 더구나 야고보서는 로마서와는 서신의 대상자가 다르다. 먼저 바울의 서신은 이방 신자에게, 그것도 믿음의 역사가 짧은 초신자들에게 보낸 것이지만 야고보서는 구약을 잘 알고 믿은지도 오래된 유대인 신자들에게 보낸 것이다.

따라서 바울 서신에는 보다 기초적이고 근본적인 구원의 교리를 가르칠 수밖에 없었고 야고보서의 경우엔 이미 그러한 것을 다 알고 있는 터이므로 그 다음 단계인 윤리적인 생활 문제를 다룬 것이다. 따라서 바울 서신과 야고보서의 관계는 상충되는 것이 아니라 상호 보완적이다. 그래서 야고보서를 읽게 되면 설교나 교훈서를 읽는 듯한 느낌을 주고 칭의의 다음 단계인 성화((聖化)의 단계에 대해 설명하고 있다. 다시 말해 야고보서는 신앙의 열매인 사랑을 일상생활에 어떻게 적용할 것인지에 대해 말해 준다.

이것은 전체 108절 가운데 그 절반인 54절이 명령형으로 되어 있는 것에서도 잘 나타난다. 사실 야고보서만큼 신앙과 행함의 관계를 잘 설명해주는 서신도 별로 없다. 이런 점에서 야고보서는 구약과 연결을 해주는 징검다리요 복음과 율법이 만나는 접촉점이다.

1. 기록자

야고보서는 "하나님과 주 예수 그리스도의 종 야고보"(1:1)란 말로 시작한다. 그런데 신약 성경에는 야고보란 이름을 가진 사람이 적어도 넷이나 된다. 따라서 그 중에 누구일까? 하는 문제가 생긴다. 이 네 명의 야고보를 소개하면 아래 도표와 같다.

기록자로 추정되는 야고보 도표

신분	설명
세배대의 아들	12제자 중 하나, 사도 요한의 형, 갈릴리의 어부 출신, 별명은 보아너게, 12제자 중 최초로 순교
알패오의 아들	12제자 중 하나, 작은 야고보로 불림
유다의 아버지	별로 알려져 있지 않음
예수님의 동생	주님 동생 중 가장 연장자, 바울이 회개 후 3년만에 예루살렘에서 만난 적이 있음, 예루살렘 교회의 감독

여기서 문제는 누가 야고보서의 기록자인가 하는 것이다. 전통적으로 예수님의 동생 야고보가 기록자라고 알려 졌는데 그 이유는 12사도 중 하나인 세배대의 아들 야고보는 초기(A.D. 44년, 행 12:2)에 순교했으므로 기록자가 될 수 없기 때문이다. 그러면 야고보와 예수님의 관계는 어떤 것인가? 성경에는 "주님의 형제"라고만 되어 있는데 어떤 이는 이복형제라고 주장하나 성경적 근거가 없으므로 단순히 주님의 형제로 보는 것이 좋을 듯하다. 그는 다른 주님의 가족들처럼 주님 생존 시에는 믿지 않다가 고전 15:7에 부활하신 주님을 뵌 후 충성된 제자가 되어 예루살렘 교회의 지도적 인물이 된 것으로 보인다.

그러면 주님의 동생 야고보가 본서를 기록했다는 증거는 무엇인가? 먼저 외증으로는 로마의 클레멘트가 쓴 「고린도인들에게 보내는 편지」에 보면 야고보서를 시사하고 있다. 그 밖에도 「바나바 서신」, 「12족장의 언약」, 폴리갑의 「빌립보 편지」 등에 야고보서가 인용, 또는 암시되고 있다.

야고보서는 오리겐, 시릴, 아다나시우스, 어거스틴 등에 의해 정경성을 인정 받아오다가 비교적 늦은 A.D. 397년 카르타고 회의 때 공식적으로 인정되었는데 그 이유는 주님의 동생 야고보가 예루살렘과 수리아에는 잘 알려졌으나 로마 같은 서방 세계에는 별로 알려지지 못했기 때문이다.

내증으로는 사도행전(15:13-21;21:17-25)과 갈라디아서(1:19;2:9-10)에서 보여준 야고보와 본 서신이 잘 조화를 이룬다는 점이다. 좀 더 구체적으로 말해서 먼저, 용어의 유사성을 들 수 있다. 행 15:13이하에 기록된 야고보의 인사와 약 2:5의 인사가 그 유형이 꼭 같다. 또 행 15:24과 약 1:21의 "너희 영혼"이란 표현은 지극히 히브리적인 표현이다. 그 밖에도 행 15:19과 약 5:20의 "돌아온다" 등 여러 개의 단어들에서 공통점이 발견된다.

다음으로는 역사의 일치이다. 사도행전에 기록된 야고보에 대한 기록은 야고보서의 내용과 일치된다. A.D. 2C 경의 역사가 헤게시퍼스는(Hegesippus)는 야고보를 "의인"이라고 하면서 야고보의 생활의 일부를 소개했다. 그에 의하면 야고보는 성전에서 기도하느라고 그의 무릎이 낙타의 발처럼 굳어졌다고 한다. 술도 고기도 먹지 않았고 머리에 칼을 대지 않고, 율법에 기록된 것을 남김없이 다 지켰다고 한다. 여기서 보여주는 것은 야고보의 율법에 대한 태도이다. 그는 사도행전 15장과 21장에 나타난 대로 율법을 엄수했다. 이러한 점은 야고보서에서 윤리와 행함을 강조한 것과 일치한다.

마지막으로 야고보서에서는 다른 어떤 서신보다 예수님의 교훈을 생각나게 하는 구절이 많다. 예를 들면 약 1:22과 마 7:21, 24 그리고 약 3:12과 마 7:16, 약 2:5과 마 5:3 등이 바로 그것이다. 이것은 기록자가 주님과 밀접한 관계를 가진 자라는 것을 보여준다. 이런 점에서 기록자는 예수님의 동생 야고보로 보여지는 것이다. 어떤 이는 1:1의 "그리스도의 종"이라고 한 것을 보아 예수님의 친 동생으로 보기는 어렵다고 하나 여기서 그리스도의 종이라고 한 것은 비록 친 동생이라 할지라도 예수님을 그리스도로 모시는 종이란 겸손한 의미에서 사용된 것으로 보인다.

2. 기록 연대와 장소

야고보서의 기록 연대는 기록자가 누구냐에 따라 크게 영향을 받는다. 그런데 유대인 역사가 요세퍼스가 야고보의 순교를 A.D. 62년으로 잡고 있기 때문에 주님의 동생 야고보를 기록자로 보는 한 62년 이전에 기록되었음이 틀림없다. 그러면 정확히 언제쯤일까? 이에 대해서는 두 가지의 주요 견해가 있는데 하나는 예루살렘 공회(A.D. 50) 이전에 기록되었다는 견해와 또 하나는 순교 직전에 기록되었다고 하는 견해이다.

예루살렘 공회 이전에 기록되었다고 하는 것의 근거는 두 가지로 요약할 수 있는데 첫째, 야고보서에 나타나고 있는 교회의 질서나 훈계가 간단하다는 것이다. 다시 말하면 감독이나 집사직 같은 것이 언급되어 있지 않고, 교사, 장로라고만 부르고 있으며 성도들이 아직 회당 모임을 갖고 있는 것으로 나타남으로 아주 이른 초기의 기독교 상황을 반영한 것이라는 것이다. 둘째, 이방인들의 가입 문제가 표면상으로 나타나지 않고 있으며 만약 공회 이후에 기록했다면 바울과 자신과의 표면상의 모순은 피했을 것이라는 것이다(약 2:14-26;갈 3:6-14;롬3:19-20, 28).

그러나 이러한 견해는 크게 지지를 받지 못하고 있는데 그 이유는 목회서신에서 보는 바와 같이 감독과 장로의 직분은 별개의 것이 아니라 같은 것으로 전자는 기능을 ,후자는 명칭을 표현하는 것이다. 따라서 야고보서가 기록되었을 때는 적어도 장로(또는 감독) 제도는 있었다고 보아야 한다. 그리고 집사에 대한 언급이 없었던 것은 그 제도가 없어서가 아니라 주제가 그 직분을 언급해야할 필요가 없었기 때문이다. 또 교사에 대한 언급이 야고보서 전후에 기록된 롬 2:20과 엡 4:11, 딤전 1:7에도 기록되어 있으므로 반드시 교회 직분이 세분화 되지 않은 원시적인 단계라고만 할 수는 없다. 둘째는 소위 표면상의 모순들은 오히려 야고보서가 바울 서신보다 늦게 기록되었음을 밝히는 증거가 될 뿐이다. 왜냐하면 바울의 복음을 오해한 자들 가운데 이신득의(justification by faith)를 오해하여 율법을 지킬 필요도 없고 윤리적인 삶의 필요성을 망각하고 방종한 삶을 사는 자들에게 야고보는 바른 신행의 일치를 가르치고자 야고보서를 기록했기 때문이다. 더욱이 1:2-12;5:10-11을 보면 야고보서가 기록될 때가 바로 환란과 시험 중이었음을 보여주는데 그것은 당시의 네로 박해로 말미암는 야고보의 순교와 잘 부합이 된다. 또 1:26이하를 보면 당시 교리적인 혼란이 있었던 것으로 암시가 되는데 그것은 왜 성도가 어려운 시험을 받는가 하는 문제이고 2장에서 발견할 수 있는 대로 신앙과 사랑의 관계에 대한 문제이다. 야고보서의 기록 시기는 본서의 목적 및 동기를 살펴보면 더욱 분명해질 것이다. 만약 야고보서의 기록자가 사도 야고보라면 그것은 당연이 초기의 기록으로 인정해야 한다. 그러나 주님의 동생 야고보라면 기록 연대는 A.D. 62년경으로 보아야 할 것이다.

그러면 야고보서의 기록 장소는 어디인가? 로마, 안디옥, 알렉산드리아, 예루살렘 등 여러 장소가 제시되지만 야고보가 부활하신 주님을 만난 후 예루살렘 밖으로 나갔다는 성경적인 근거가 없는 한 예루살렘이 가장 강력한 기록 장소로 인정된다.

3. 기록 목적과 특징

야고보서의 기록 목적은 말로만 믿는다고 하고 참된 신앙의 열매를 맺지 못하는 죽은 믿음을 지적하고 시정하기 위한 것이다. 즉 바울의 메시지를 듣고 오해한 사람들의 신앙을 교정하려는데 있었다.

야고보서의 특징은 무엇보다도 먼저, 50%에 달하는 명령문이다. 두 번째 특징은 주님이 직접적으로 두 번(1:1;2:1) 그리고 간접적으로 두 번(5:7, 8) 밖에 언급되어 있지 않은 것은 신약성경 가운데서는 독특한 점이다. 더욱이 본서에는 주님의 성육신, 죽음, 부활에 대한 언급이 없다. 그러면서도 본서의 내용만큼 또 주님의 음성을 닮은 교훈도 찾기가 어렵다. 세번째 특징은 야고보서가 히브리서, 베드로 전서와 함께 유창한 헬라어로 되어 있다는 점이다.

4. 내용

1. 머리말(1:1)
2. 신앙의 테스트(1:2-27)
   1) 참신앙은 시험으로 정결케 됨(1:2-12)

2) 참신앙은 악을 하나님께 돌리지 않음(1:13-18)

3) 참신앙은 하님의 말씀에 순종(1:19-27)

3. 신앙의 본질(2:1-13)

1) 공평무사(2:1-13)

2) 선행(2:14-26)

3) 혀를 제어(3:1-12)

4. 신앙의 역사(3:13-4:12)

1) 하늘의 지혜(3:13-18)

2) 순종하는 영적생활(4:1-10)

3) 바른 관계를 가짐(4:11-12)

5. 신앙의 적용(4:13-5:20)

1) 생업에 대하여(4:13-17)

2) 부에 대하여(5:1-6)

3) 주님의 재림에 대하여(5:7-11)

4) 맹세에 대하여(5:12)

5) 기도에 대하여(5:13-18)

6) 잘못한 형제에 대하여(5:19-20)

5. 주제

루터를 비롯해서 많은 사람들은 바울 서신과 야고보서가 서로 모순을 일으킨다고 오해를 했었다. 예를 들어 롬 3:28의 "사람이 의롭다 하심을 얻는 것은 율법의 행위에 있지 않고 믿음으로 되는 줄 우리가 인정하노라"는 말씀과 약 2:21의 "우리 조상 아브라함이 그 아들 이삭을 제단에 바칠 때에 행함으로 의롭다하심을 받은 것이 아니냐"는 서로 정면으로 모순되는 것 같이 보인다. 그러나 약 2:21절만 보지 말고 22을 읽어보면 그렇지 않다는 것을 금방 알 수가 있다. 즉 야고보는 신앙과 행함을 서로 대조해서 말하는 것이 아니라 신앙의 열매로서의 행함을 말하고 있는 것이다.

이것을 분명히 알기 위해서는 유대교의 행함에 대한 견해를 살펴볼 필요가 있다. 유대교에서는 분명히 선한 행위로서만이 하나님 앞에 의롭다고 인정받을 수 있음을 믿는다. 그래서 랍비 아키바는 "모든 것이 선행의 양에 따른다"고 했다. 그러나 야고서의 행함은 율법의 행함이 아니라 오히려 바울이 말한 성령의 열매(갈 5:22-23)나 세례 요한이 말한 회개의 합당한 열매(마 3:8)로서의 행함을 말한다. 그러므로 바울과 야고보의 차이는 단지 강조의 차이에 지나지 않는다. 바울은 아직 하나님을 잘 알지 못하는 사람을 대상으로 신앙의 초보적인 단계를 설명하고 있고 야고보는 이미 믿은지 오래된 사람들에게 이미 믿고 난 뒤 어떻게 살아야 하는지에 대한 것을 설명하고 있는 것이다. 다시 말해 바울은 교리적인 면을, 야고보는 그 다음 단계인 윤리적인 면을 다루고 있다. 그래서 5장 밖에 안되는 짧은 서신 속에 50개가 넘은 명령형이 나오는 것이다.

베드로 전, 후서

신약에는 베드로가 기록한 두 권의 책이 있는데 그것이 바로 베드로 전, 후서이다. 전서는 핍박받고 있는 성도들에게 보낸 것이고 후서는 거짓 교사와 거짓 교훈에 대해 경고하기 위해 기록된 서신이다. 베드로의 초기 생애에 대해서는 잘 알려져 있으나 후기에 대해서는 베드로의 서신을 제외하고는 성경에 거의 알려진 바가 없다. 요 21:18의 주님의 말씀으로 미루어 베드로가 순교한 것은 틀림없는 사실이다. 그의 마지막 기록은 「베드로 행전」 등에 기록된 전설과 크게 틀리지 않을 것으로 본다. 이 전설에 의하면 네로의 핍박을 피해 도망가는 베드로가 밤에 로마의 서남쪽에 있는 아피안 길(the Appian Way)에서 환상 가운데서 주님을 만났다. 이때 베드로가 "주여 어디로 가시나이까?"(Quo Vadis)라고 물었을 때 주님은 다시 십자가에 못 박히기 위해 로마로 간다고 대답하셨고 이에 자신의 행동을 부끄럽게 생각한 베드로는 다시 로마로 돌아가 거꾸로 십자가에 못 박혀 순교했다고 한다.

베드로 전서

1. 기록자

베드로의 기록에 대해 많은 외증과 내증을 가지고 있다. 그럼에도 불구하고 클루디우스, 율리커, 리들과 헛슨, 베어 등의 많은 자유주의자들에 의해 비판을 받아왔는데 그 이유는 다음 네 가지로 요약이 된다.

첫째, 베드로 전서가 지나치게 유창한 헬라어로 기록되었고 60개의 단어는 신약 성경의 다른데서 발견되지 않는 단어들이다. 그런데 막 1:16 등을 살펴보면 베드로는 벳세다 출신(요 1:44)의 어부요 학교에서 정규 교육을 받은 적이 없다. 행 4:13에 의하면 그는 "학문 없는 범인"으로 기록되고 있다. 그렇다고 본서가 아람어로 기록되었다가 헬라어로 번역되었다고 볼 수도 없는 것은 구약의 인용이 70인경(LXX)에서 직접 했기 때문이다. 따라서 본서는 베드로가 기록할 수 없다는 것이다.

둘째, 베드로 전서에 예수님에 대한 개인적인 회상이 없다는 것이다. 더욱이 예수님의 수제자요 가장 가까웠던 베드로가 썼다면 어떻게 그럴 수가 있겠느냐는 것이다.

셋째, 바울 서신과 너무 비슷하다는 것이다. 특히 로마서와 많이 유사한데, 예를 들면 벧전 2:4-8과 롬 9:32-33(거치는 돌), 벧전 4:10-11과 롬 12:6-8(성령의 은사).

넷째, 본서에 "하나님 나라"와 "인자"(人子)란 말이 없다. 이것은 예수님의 수제자로서는 상상도 할 수 없는 일이라는 것이다.

그러나 이상의 네 가지 비판은 별로 설득력이 없다. 그 이유는 다음과 같다.

첫째, 베드로의 고향인 벳세다는 갈릴리 바다에서 멀지 않은 요단강 동쪽에 있는 마을로서 유대인의 마을이긴 하지만 범세계적인 성격을 가진 곳이었다. 베드로의 형제인 안드레와 12제자 중 하나인 빌립이 다 같이 벳세다 사람이긴 하지만(요 1:44, 12:21) 헬라 이름을 가진 것을 보면 그곳에서는 헬라어와 아람어를 자유롭게 구사했던 것 같다. 더욱이 베드로의 비서였던 실루아노(일명 실라라고도 함)는 제 2차 전도여행 때 바울과 동행하여 함께 복음을 전했다. 실루아노는 헬라어에 능통한 자였음으로 베드로 전서의 유창한 헬라어에 대해서는 하나도 이상할 것이 없는 것이다. 또 성령의 초자연적인 역사가 있었으니 더욱 그랬을 것이다.

둘째, 예수님에 대한 회고가 없는 것은 오히려 본서가 참으로 베드로의 저작임을 증명하는 것이된다. 왜냐하면 당시의 위경(僞經)

들은 하나같이 사도적 권위를 인정받으려고 많은 거짓된 개인의 회고록을 삽입하는 것이 상례였기 때문이다.

셋째, 베드로 전서와 바울 서신의 유사점은 본서를 기록할 당시의 베드로의 비서가 바로 실루아노였기 때문이다. 더욱이 베드로와 바울은 한 번도 신학적인 입장을 달리 해본 적이 없고 오히려 둘 사이는 친밀한 관계였다. 갈 2:11-12에 기록된 안디옥 교회의 사건은 교리적 차이 때문에 생긴 것이 절대 아니다. 다만 베드로의 위선적 행동을 바울이 꾸짖은 것이다. 바울과 베드로의 관계는 벧후 3:16에 "우리 사랑하는 형제 바울"이라는 말에서 증명되고 있다.

넷째, 본서에서는 예수님을 "하나님의 고난의 종"으로 묘사한다는 데 있다(참고 사 52:13;53:12). 이런 예언은 사도행전에 기록된 베드로의 설교에서 잘 나타난다(행 3:13, 26;4:25).

베드로 전서의 외증으로는 「바나바 서신」, 클레메트의 「고린도인들에게 보내는 편지」 등에 베드로 전서에 대한 언급이 있고 그 밖에도 폴리갑, 이레니우스, 터툴리안, 알렉산드리아의 클레멘트 등에 나타나 있다. 내증에는 1:1에 자신을 베드로라고 밝히고 있고 그리스도의 생애와 교훈에 아주 익숙하고 자신을 "그리스도의 고난의 증인"(벧전 5:1)이라고 묘사하고 있다. 이렇게 볼 때 베드로 전서는 틀림없는 베드로의 기록이다.

2. 기록 연대와 장소

벧전 1:1, 5을 보면 본도, 갈라디아, 갑바도기아, 아시아와 비두니아에 살고 있는 성도들이 그들의 신앙 때문에 고난을 받고 있음을 말해준다. 그러면 이 박해는 언제의 일인가? 우리는 역사에서 두 번의 큰 박해를 기억하는데 하나는 네로의 박해였고 또 하나는 도미시안 황제의 박해이다. 그런데 베드로는 네로 황제의 박해 때 (A.D. 64년 경) 순교를 했음으로 본서가 A.D. 96년 경 도미시안 황제의 박해 때 기록되었다고는 볼 수 없고 따라서 A.D. 63-64년 경에 기록되었다고 볼 수 밖에 없다.

기록 장소는 5:13에 "바벨론"이라는 언급이 나온다. 그러면 이 바벨론이 유브라데에 있는 도시를 말하는 것인지 아니면 로마에 대한 상징적 이름인지 하는 문제가 남는데 신약시대의 바벨론는 이미 폐허가 되었었다. 따라서 계시록 14:8;16:19 등에서와 같이 바벨론은 로마의 상징으로 보는 것이 좋겠다.

3. 기록 목적과 특징

1:1에서 본서의 목적을 알 수 있다. 즉 핍박 중에 흩어져 있는 유대인 신자들에게 산 소망을 가지고 믿음에 굳게 설 것을 권고하려고 한 것이었다. 따라서 베드로 전서의 목적은 교리나 경고보다는 위로와 권고에 있다.

본서의 특징은 "고난"(παθεματα)이란 말이 16번 나오는데 그 가운데 6번은 그리스도의 고난과 관련하여 나온다. 베드로는 고난당하는 성도들에게 그리스도의 예를 따라 의를 위하여 인내하며 고난을 견디라고 권한다. 그리고 본서에는 34개의 명령문이 나오는데 이것은 본서의 내용이 실제적임을 보여주는 것이다. 그리고 베드로의 자서전적인 성격을 가진 구절이 많이 발견된다. 2:5(마 16: 16 회상), 2:20(말고의 귀를 자른 것을 회상), 3:15(가야바의 뜰에서 여종에게 비겁하게 거짓말 한 것을 회상), 5:1(내 양을 치라던 주님의 말씀 회상), 5:5(마 26:33 회상) 등등. 그리고 사도행전과 많은 평행점을 갖는데 예를 들면 행 2:16=1:10(구약 예언의 성취), 행 2:17=1:20(마지막 때 그리스도 나타나심), 행 2:24=3:19(음부에 대한 승리) 등이다.

4. 내용

1. 인사 1:1-2
2. 성도에 대한 축복 1:3-2:10
3. 성도의 의무 2:11-4:11
4. 성도의 사회적 시련 4:12-5:11
5. 맺는 말 5:12-14

베드로 후서

1. 기록자

베드로 전서는 박해 속에 있는 성도들을 위로하고 격려한데 반하여 베드로 후서는 이단 사상으로 인해 혼돈하고 있는 성도들에게 경고하고 있다. 그래서 이러한 베드로 전, 후서의 성격적 차이를 들어 베드로 후서가 베드로의 기록이 아니라고 의심하는 사람들이 많다. 그 이유는 다음 장의 도표와 같다.

그러나 이러한 문제점에도 불구하고 베드로 후서가 베드로의 기록물임을 증명하는 증거 또한 적지 않다. 가장 중요한 증거는 내증으로 1:1에 "예수 그리스도의 종이며 사도인 시몬 베드로는…

편지하노니"라고 기록하고 있다. 그 뿐 아니라 1:14에서 주님이 예언하신대로(요 21:19) 자신의 죽음이 임박함을 말하고 있고, 1:16-18에서는 자신을 변화산 사건의 목격자임을 주장하고 있다. 3:1에서는 전서를 언급하고 3:15에서는 바울과의 관계를 언급하고 있다.

베드로의 기록이 의심받는 이유

이유	내용
유다서와 밀접함	1:5과 유 3, 1:12과 유 5, 3:2과 유 17 등
베드로 전서와 상이	단어, 문체, 어조 다름
역사적 문제	본서가 기록될 때 바울 서신이 다 수집되어 구약과 함께 사용됨
사상의 문제	헬라적 색채 강함(지식 강조, 1:3 이하 등)

2. 기록 연대와 장소

베드로 후서의 기록 연대는 두 가지가 있는데 베드로가 순교하기 직전(A.D. 64년)과 비교적 늦은 시기인 2세기 초로 보는 견해이다. 이 견해는 기록자를 누구로 보느냐에 따라 달라진다. 즉, 베드로를 기록자로 본다면 전서와 순교 사이로 연대를 잡을 수 밖에 없음으로 후서의 기록 연대를 A.D. 64년 경으로 본다. 그런데 베드로 후서를 그 이름을 도용한 후대의 어떤 사람의 작품으로 생각한다면 요한 계시록이 기록된 후, 바울 서신이 모두 수집된 후인 2세기 초로 잡게 되는 것이다. 그러나 우리는 베드로 후서를 베드로의 기록으로 보기 때문에 베드로 후서의 기록 연대는 64년 경으로 본다.

그러면 베드로 후서의 기록 장소는 어디일까? 성경 상에서는 이에 대한 어떤 기록도 찾을 수가 없다. 단지 전서와 같이 로마로 추정을 하는데 그 이유는 순교 직전에 베드로는 로마에 있었다고 보여지기 때문이다.

3. 기록 목적과 특징

기록 목적은 1:1-2에 자세히 기록되어 있는데 당시의 영지주의 이단 사상에 영향을 받고 있는 유대인 성도들에게 경고함으로써 그릇된 길로 가지 않도록 하는데 있다. 이것은 세 번에 걸친 "생각나게"(1:12, 13;3:1)라는 말과 이와 관계된 말인 "잊어 버린다" 또는 "잊어버리지 말라"는 단어가 두 번씩 사용된 것으로도 그 성격을 알 수가 있다. 다시 말해 베드로는 그의 독자들이 하나님의 말씀이 생활의 표준임을 기억하고 거짓 교훈에 빠져 재림의 주님에 대한 소망을 잃지 않도록 경고하려고 한 것이다.

베드로 후서의 특징은 먼저, 지식에 대한 강조를 들 수 있다. 베드로는 이 지식, 즉 그리스도를 아는 지식, 바른 길을 아는 지식(2:15), 의의 도(2:21)에 대한 지식이야 말로 이단 사상을 막는 최고의 방어수단이라고 했다. 지식(γινοσκω)에 관련된 단어만 3장 속에 무려 16번이나 나온다.

두 번째 특징은, 성경의 영감에 대한 중요한 두 구절 중 하나가 본서에 나오는데 1:20-21의 "먼저 알 것은 성경의 모든 예언은 사사로이 풀 것이 아니니 예언은 언제든지 사람의 뜻으로 낸 것이 아니요 오직 성령의 감동하심을 받은 사람들이 하나님께 받아 말한 것임이라." 여기서 중요한 단어는 성령의 "감동하심을 받은"인데 이 말은 헬라어 수동분사로서 강한 바람에 배가 움직인다는 뜻이다. 따라서 본문에서 보여주는 의미는 성경이 기록될 때 성령의 강한 바람에 의하여 모든 방향과 내용이 결정되었으며 따라서 성경 본문을 해석할 때에도 성령의 바람에 의해 방향과 해석이 이루어져야 한다는 것이다.

세 번째 특징은 주님의 날에 천지가 뜨거운 불에 의해 파괴될 것을 고전적으로 묘사하고 있다(3:10-13). 이것은 주님의 말씀에 근거한 것이다(마 24:35).

끝으로 베드로는 바울 서신에 대해 가치있는 평가를 내리고 있다(3:15-16). 여기서 문제가 되는 것은 "그 모든 편지"가 무엇을 의미하느냐이다. 이것이 바울 서신 13권 전부를 의미하는 것은 아니다. 오히려 여기서 말하려는 바는 바울이 하나님이 주시는 영적인 지혜로 서신을 기록했다는 일반적인 표현에 불과하다.

4. 내용

1. 인사 1:1-2
2. 바른 지식 1장
3. 거짓 교사에 대한 경고 2장
4. 주님의 재림 4장

5. 주제

고린도 전서 13장에는 기독교의 3대 은혜(믿음, 소망, 사랑)에 대해 기록을 하고 있는데 바울이 믿음의 사도였다면 요한은 사랑의 사도였고 이제 말하려는 베드로는 소망의 사도였던 것이다. 베드로가 여러 가지 많은 주제를 다루지 않은 것은 아니나 그럼에도 불구하고 가장 강조하는 것이 기독교인의 소망이다. 이것은 앞서 가신 그리스도께서 고난을 받은 후에 영광을 받으신 것과 같다고 했다(1:11).

아마도 현대인들에게 가장 필요한 메시지 가운데 하나가 바로 현재의 고난 속에서도 굽힘이 없는 이 산 소망일 것이다. 몰트만과 같이 인본적이고 정치적 의미에서의 "소망의 신학"이 아니라 천국의 영광과 연결된 성경적 소망, 바로 그것이 필요한 것이다.

3과. 공동서신(2)

요한 서신은 1서, 2서, 3서로 기록되어 있는데 이들의 공통적인 특징은 중생에 대한 강조이다. 바울 서신의 일반적인 특징이 칭의를 강조하듯이 말이다. 그러나 바울 서신이 칭의 외에도 여러 교리를 다루고 있듯이 요한 서신도 중생에만 국한된 것은 아니다.

본서에는 발신자의 이름도 수신자의 이름도 없다. 서두와 말미에 아무런 인사도 없다. 글자 그대로 교회 일반에게 보내는 공동서신인 것이다. 요한 서신의 특징은 바울 서신처럼 논리적 발전이 없고 주기적 방법(Cyclical Method)에 의해 기록되어 있다.

요한 1서

1. 기록자

요한 1서에는 기록자가 없으나 오래전부터 요한 1서는 사도 요한이 기록하였다는 강한 외증을 가지고 있다. 폴리갑은 그의 「빌립보 교회에 보내는 편지」에서 요일 4:2-3을 그대로 인용하여 기록하였다. 그 밖에도 파피아스, 이레니우스, 오리겐, 키프리안, 알렉산드리아의 클레멘트, 유세비우스 등 많은 외증을 가지고 있고 내증 또한 강하다.

2. 기록 연대와 장소

이레니우스에 의하면 사도 요한은 에베소에서 그 지역 교회의 감독으로 있으면서 1세기 말까지 살았다고 한다. 그러면 언제 요한 1서가 기록되었을까? 위에서 살펴본 대로 요한 1서는 요한복음과 많은 유사점을 가진다. 더욱이 사도 요한이 바울의 생존 시에 에베소를 방문했다는 기록도 없다. 그리고 폴리갑이 본서를 알고 있었으므로 적어도 그가 순교한 A.D. 155년-156년 이후는 아니었을 것이다. 그러므로 본서의 기록 연대는 사도 요한을 기록자로 볼 경우 1세기 말에 기록되었을 것이고 가현설과 같은 영지주의적 이단이 1세기에는 나타나지 않았다고 볼 경우 2세기 초에 기록되었을 것라는 견해가 있다.

그러나 우리는 이미 사도 요한의 기록으로 확신함으로 자연히 연대도 그 무렵으로 추정을 해야 할 것이다. 그런데 요한복음과 비교를 해 볼 때 아무래도 서신이 좀 늦게 기록된 것으로 보여지는데 그 이유는 서신의 형태와 주제가 요 14장-15장의 고별설교를 연상케 하기 때문이다. 따라서 요한 1서의 기록 연대는 요한복음보다 조금 늦게 A.D. 90년-95년 경으로 생각되며 기록 장소는 그가 만년에 보낸 감옥이 있던 에베소이다.

3. 목적과 특징

본서의 목적은 당시의 이단 사상인 가현설에 대하여 경고하고 영생에 대한 확신을 주려는데 있다. 그 밖에도 "기쁨이 충만하게 하려함"(1:4)과 이단 사상에 물들어 죄를 범하지 않도록(2:1) 하려는 네 가지 목적에서이다.

요한 1서의 특징을 살펴보면 아래의 도표와 같이 설명할 수 있다.

요한 1서의 특징

특징	설명
많은 반복	빛, 진리. 신앙, 사랑, 의와 같은 단어들 반복
문장구조 단순	헬라어를 공부하는 초보자들이 택함
구약 인용 없음	유일한 예외가 3:12(가인)
확신의 서신	"우리가 안다" 13회, 이와 관련된 단어까지 합치면 약 40회 등장

4. 내용

1. 머리말 1:1-4

2. 하나님과 사귀는 자의 생활 1:50-2:29

3. 하나님의 자녀의 생활 3;1-4:6

4. 사랑의 의무 4:17-21

5. 의의 승리 5:1-5

6. 신앙의 기초 5:6-12

7. 맺는말 5:13-21

요한 2서

요한 2서는 한 장으로 된 매우 간결한 서신이다. 너무 간결해서 널리 순회되어 읽히지 못한 관계로 교부들의 인용이 요한 1서에 비해 많지 않다.

1. 기록자

폴리갑이 요한 2서에 대해 암시를 하고 있고 이레니우스는 요한 2서를 알고 있었을 뿐 아니라 사도 요한의 기록으로 인정을 했다. 그 밖에도 알렉산드리아의 클레멘트, 오리겐, 키프리안 등의 증언이 있다. 이렇게 볼 때 요한 1서보다는 다소 약한 외증을 가지나 내증에 있어서는 사도 요한의 기록임을 확증해 준다. 그 이유를 살펴보면 첫째, 기록자는 자신을 "장로"라고 했는데 여기서 말하는 장로(πρεσβυτερος)란 의미에는 교회의 직분을 의미하는 것(주로 목회서신에서 잘 나타남)과 연로함를 의미하는 것, 두 가지가 포함되어 있는데 여기서는 후자의 경우로 사용되었다. 왜냐하면 자녀란(소자의 의미) 나이와도 관련된 것일 뿐 아니라 벧전 5:1에 보면 베드로도 자신을 장로라고 부르고 있기 때문이다.

그 외에도 요한 1서와 2서 사이의 문체나 단어의 유사성이 많고 공통구절이 많다. 예를 들면 "진리 안에서 사랑", "진리를 아는", "진리를 행하는", "새 계명", "서로 사랑하자" 등은 요한복음과 요한 1서 모두에 공통적으로 많이 나오는 구절이다. 따라서 요한 2서는 바로 사도 요한의 기록이다.

여기서 중요한 것은 "택하심을 입은 부녀"가 누구인가 하는 것이다. 크게 두 가지 견해로 나뉘는데 하나는 한 개인으로 보는 것과 또 하나는 공동체로 보는 것이다. 이 둘 중에 전자가 더 타당하게 여겨지는데 그 이유는 1:1을 상징적으로 보아야할 아무런 암시가 없거니와 더욱이 그녀의 자녀들이 구체적으로 언급되어 있고 13절에는 그녀의 자매의 자녀들에 대한 언급도 있는 것으로 볼 때 요한 2서는 한 개인에게 보내는 서신으로 보는 것이 바람직 할 것이다.

그러면 이 여인은 누구인가? 1절, 2절을 볼 때 대단한 영향력과 모든 사람들에게 높이 평가 받는 인물이었다는 것을 알 수 있다. 10절을 보면 어쩌면 자기 집에서 교회의 모임을 가졌는지도 모른다. 확실한 것은 그녀는 그 고장을 방문하는 순회 전도자들을 대단히 후대했던 것 같다. 그래서 사도 요한은 이런 후대를 이용해서 거짓 교사들의 유혹이 있을까 해서 "집에 들이지도 말고 인사하지도 말라"고 교훈한 것 같다.

2. 기록 연대와 장소

7절을 보면 미혹하는 자의 성격을 "예수 그리스도께서 육체로 오심을 부인하는 자"라고 밝히고 있는데 이것은 요한 1서의 이단과 동일한 것이다. 즉 영지주의의 영향으로 육체는 죄악 되고 영혼만 깨끗하다고 보고 따라서 그리스도께서 이 땅에 오신 것은 단지 환상인 것으로 보는 이단에 대한 비판이다. 그러므로 요한 2서의 기록 연대와 장소는 요한 1서와 같은 A.D. 85년-90년 무렵에 에베소에서 기록되었다고 보는 것이 가장 바람직하다.

3. 기록 목적과 특징

기록 목적은 무엇보다도 거짓 교사에 대한 경고이나(7절-11절) 이에 앞서 요한은 택하심을 입은 부녀와 그의 자녀에게 진리에 대한 충성을 높이 평가하고 자신의 방문 계획을 알리려는 목적도 있었다.

특징은 13절 밖에 안되는 짧은 서신이지만 거짓 교사들에 대하여 어떻게 행동해야할 것을 분명히 가르쳐 주고 있다. 그리고 요한은 거짓교사의 본질을 간단하게 표현하고 있는데 즉 그들은 "그리스도께서 육체로 오심을 부인하는 자라"(7절)는 것이다. 아무튼 본서는 신약 중에서 유일하게 여성을 그 수신자로 하는 서신이다.

4. 내용

1. 인사 1절-3절
2. 형제애 4절-6절
3. 이단의 정체와 비판 7절-11절
4. 맺는말 12절-13절

요한 3서

요한 3서의 정경성과 요한의 기록에 대한 증거와 상황은 거의 요한 2서와 같다. 요한 3서 역시 짧고 개인적인 성격을 갖고 있어서 널리 순회되지 못하여 그 결과 본 서에 대한 인용과 인정이 초대 교부들의 글에 많이 실리지 못했다. 그러나 이레니우스, 클레멘트, 디오니시우스 등은 본서의 정경성을 인정하였다.

요한 3서의 문체와 단어는 요한복음과 요한 1서, 2서와 유사한데 그 중에서도 특히 "참으로 사랑하는", "네게 있는 진리", "진리 안에서 행하라" 등은 사도 요한의 특징적인 표현이다. 본서에서도 장로란 말이 나오는데 요한 2서와 동일하게 요한의 연로함을 말하는 것이다. 그러면 요한 3서의 수신자는 누구인가? 초두의 인사말을 보면 "사랑하는 가이오 곧 내가 참으로 사랑하는 자에게 편지하노라"고 밝히고 있는데 이 가이오가 누구인가? 확실한 것은 당시 이 사람이 사도 요한과 많은 성도들과 에베소 교회에 잘 알려진 인물이라는 것이다. 그런데 행 19:29에 보면 "마게도냐 사람 가이오"가 나오는데 그는 바울의 에베소 전도를 도운 이로서 우상을 만들어 생활하던 데메드리오란 자가 폭동을 일으켰을 때 아리스다고와 함께 연극장으로 끌려 갔던 사람이다. 또 행 20:4에 보면 "더베 사람 가이오"가 나오는데 그는 바울의 제 3차 전도여행 때에 바울과 함께 아시아 지방으로 여행한 사람이다. 그 외에도 고전 1:14에 바울이 고린도에 있을 때 세례를 준 두 사람 중 하나가 고린도의 가이오이다. 그는 나중에 바울의 식주인이 되었을 뿐 아니라 그의 집에서 고린도 교회가 시작되었다(롬 16:23). 따라서 본서에 나오는 가이오는 위의 세 사람 중 하나일 가능성이 많지만 문제는 사도 요한의 가이오에 대한 표현으로 보아 본서에 나오는 가이오는 사도 요한에게 전도를 받고 세례 교인이 된 사람일 가능성이 많다. 그렇다면 그는 제 4의 가이오가 되는 셈이다.

1. 기록 연대와 장소

본서를 살펴보면 가이오가 있던 교회에 문제가 생겼다. 그것은 디오드레베라는 자가 교회 내에 권세를 가지고 사도 요한에 대하여 악한 말로 폄론하고 사도 요한이 보낸 자들을 영접하지 않기 때문이었다. 사도 요한은 즉시 방문하여 문제를 시정하려 했으나 여의치 못하여 요한 3서를 쓰기 시작한 것이었다. 그리고 이 서신은 데메드리오 편에 전달했을 것으로 보인다. 그런데 유세비우스는 요한이 밧모섬에 추방되었다가(계 1:9) A.D. 96년에 도미시안 황제가 죽은 후에 에베소로 돌아왔다고 주장하여 요한 2서, 3서가 요한계시록이 기록된 이후에 쓰여 졌다고 추측을 하나 본서는 요한이 밧모 섬에 추방되기 전에 기록했을 가능성이 많음으로 우리는 A.D. 90년-95년 경에 기록됐을 것으로 본다.

2. 기록 목적과 특징

요한 3서에는 이단 사상과 비판은 없고 다만 가이오에 대한 요한의 사랑과 기도를 알려주고 교회의 말썽이 되고 있는 디오드레베를 본받지 말고 데메드리오 같은 이를 본받으라고 권하고 있다. 즉 본서의 목적은 11절에 잘 나타나는 데 “사랑하는 자여 악한 것을 본받지 말고 선한 것을 본 받으라”는 것이다. 그 외에도 사도 요한의 방문 계획을 알려주기 위한 목적도 있다.

요한 3서의 특징은 요한 1서, 2서와는 달리 당시 교회의 위협이 되고 있는 이단인 영지주의에 대한 것이 없고 개인을 소개하여 교회의 문제 인물을 어떻게 대처할 것인가에 대해 기록함으로서 공동서신 중 가장 개인적인 성격을 띄고 있다.

3. 내용

1. 인사 1절
2. 가이오의 건강에 대한 기도와 칭찬 2절-8절
3. 디오드레베의 비판과 데메드리오 천거 9절-12절
4. 맺는말 12절-14절

4. 주제

사랑의 사도 요한은 그리스도인의 시금석을 사랑이라고 했다.

그는 예수님의 가르침 중 가장 큰 계명이 사랑이라고 말씀(마 22:36-40)하신 것을 구체화하여 그의 서신 전체에서 다루고 있다. 그럼 사랑해야 하는 이유는 무엇인가? 이것을 요일 4:7, 8에서 잘 설명하고 있다. 즉, 사랑은 먼저 하나님께 속한 표시요 시금석이라는 것이다. 그러면 이 사랑의 성질은 무엇인가? 사랑은 기독교의 근본 메시지이다. 다시 말해 사랑은 우리 기독교의 본질이요 핵심이다. 다음으로 사랑의 생활은 빛 가운데 거하는 생활이요 거짓에서 떠난 생활이다(요일 2:10). 셋째로 사랑엔 참사랑과 거짓 사랑이 있는데 거짓 사랑은 세상이나 세상에 있는 것들을 사랑하는 사랑이라고 했다(요일 2:15). 넷째로 형제애란 이런 것이라고 요한은 요일 3:17, 18의 말씀으로 구체적으로 지적하고 있다. 끝으로 하나님을 사랑하는 참 사랑은 무엇인가? 요한은 이에 대해 "우리가 하나님을 사랑하고 그의 계명들을 지킬 때 이로써 우리가 하나님의 자녀를 사랑하는 줄을 아느니라 하나님을 사랑하는 것은 이것이니 우리가 그의 계명들을 지키는 것이라"(요일 5:2-3)고 답하고 있다.

유다서

베드로 후서와 마찬가지로 교회의 거짓 교사에 대한 경고로 이들은 교회의 순결성을 위협하는 방탕한 음행자들이었다. 베드로 후서와의 유사성으로 인해 유다서는 베드로 후서 다음에 놓고 연구하는 경향이 있으나 우리는 순서대로 공동서신의 끝에 다루고자 한다.

1. 기록자

본서 초두에 "예수 그리스도의 종이요 야고보의 형제인 유다"가 기록했다고 밝히고 있는데 신약성경에는 7명의 유다가 있다. 그러면 누가 유다서를 기록했을까?

신약에 나타나는 유다

이름	설명
예수님의 조상	예수님의 조상(눅 3:30)
12제자 중 하나	가룟 유다로 불림
갈릴리의 반란자	인구 조사 때 가이사에 대한 납세를 거부하고 반란을 일으킴(행 5:37)
12제자 중 하나	다대오로 불림(눅 6:16)
다멕섹 유다	바울이 회개한 후 가서 머뭄(행 9:11)
예루살렘 대표자	실라와 함께 예루살렘 공회의 결과를 안디옥에 알림(행 15:22)
주님의 동생	야고보의 형제(막 6:3)

위의 도표 중 위에서부터 세 사람은 아예 유다서의 기록 가능성에서 배제되고 나머지 네 사람 중에서 기록자를 찾아야 하는데 본서의 서문에 "야고보의 형제인 유다"라고 했으므로 가능성이 있는 사람은 예수님의 12제자 중 하나인 다대오라 불린, 작은 야고보(알패오의 아들)의 동생 유다와, 주님의 동생이요 야고보서의 기록자의 동생 유다 두 사람만이 남는다. 여기서 우리는 주님의 동생인 유다가 본서의 기록자로 보는데 그 이유는 만약 사도 유다가 기록을 했다면 그의 공적 칭호(사도)를 사용했을 것이고, 17절-18절에서 처럼 "그들"과 같은 3인칭 복수를 사용하지 않았을 것이다.

2. 기록 연대와 장소

유다서에서 가장 문제가 되는 것은 두 가지로 하나는 구약의 외경인 「모세의 승천」과 「에녹서」를 암시하고 있다는 것이고 또 하나는 베드로 후서와의 관계이다. 그런데 9절이 「모세의 승천」의 영향을 받았다는 오리겐 같은 사람들의 말은 거의 인정받지 못하고 있고 다만 14절이 에녹서의 1:9의 "보라 주께서 그의 수 많은 거룩한 자와 함께 임하셨나니"에서 인용된 것으로 보인다. 더욱이 벧후 2:1-3과의 유사점은 둘 중 하나가 다른 것에 의존하고 있다는 추측을 낳게 한다. 많은 학자들이 유다서가 베드로 후서에 의존한다고 하는데 우리는 유다서가 「에녹서」가 기록된 후에 그리고 어쩌면 베드로 후서가 기록된 후에 쓰여 졌을 것이라고 볼 수밖에 없다. 그런데 예수님의 동생 유다는 별로 눈에 띄게 나타난 인물이 아니고 조용하고 겸손한 인물이었다. 그래서 형인 야고보의 이름을 들어 자신을 소개하고 있는 것이다.

A.D. 70년-80년 경에 기록되었을 것이란 견해도 있지만 예루살렘 멸망에 대해 침묵하고 있기 때문에 A.D. 70년 이전에 기록되었을 것이다. 따라서 A.D. 66년-68년 경으로 추측된다.

기록 장소는 유다가 야고보와 함께 예루살렘 교회의 지도적 인물이었음으로 예루살렘으로 보인다.

3. 기록 목적과 특징

유다서의 목적과 동기는 3절-4절에 밝혀놓았는데 "사랑하는 자들아 우리가 일반으로 받은 구원에 관하여 내가 너희에게 편지하려는 생각이 간절하던 차에 성도에게 단번에 주신 믿음의 도를 위하여 힘써 싸우라는 편지로 너희를 권하여야 할 필요를 느꼈노니 이는 가만히 들어온 사람이 몇 있음이라" 여기서 가만히 들어온 사람이 누구일까? 유다는 그 성격을 4절부터 밝히는데 즉, 그리스도의 신성을 부인하고 자유 방종한 사상을 가진 자들이다. 유다는 이들을 영적 진리를 반역하는 가인과 발람과 고라(11절)와 같은 불경한 이단자들로 심판의 날에 흑암(6절)에 가둘 것이라고 경고하고 있다.

본서의 특징은 먼저 14절이 「에녹서」를 인용 또는 암시하고 있는데 이는 유다서만의 특징은 아니고 바울도 행 17:28에 보면 아덴에서 이방의 시인인 아라투스(Aratus)의 시를 언급했고 디도서 1:12에서는 헬라의 시인인 안더와 에피메니데스의 시를 언급한 일이 있기 때문이다. 그러나 여기서 우리가 기억해야 할 것은 성경의 기록자가 어떤 말을 기록했든 그것은 다 성령님의 영감을 받아서 기록한 것이기 때문에 절대로 무오한 하나님의 말씀이라는 것이다. 따라서 본서가 외경인 에녹서를 인용했는지도 확실치 않지만 그렇다고 해도 문제될 것은 하나도 없다.

4. 내용

1. 인사 1절-2절
2. 기록 동기 3절-4절
3. 구약의 예를 든 경고 5절-7절
4. 거짓 형제들의 장체 8절-16
5. 성도들의 의무 17절-23절
6. 송영 24절-25절

5. 주제

유다서를 기록할 당시의 교회의 위협거리는 영지주의적 이단이었다. 그들은 영만 강조하고 육은 무시함으로 윤리적으로 대단히 타락하고 음란했다. 이런 이원론적 사고는 오늘날도 이단 종파들의 특징이 되고 있으며 불행하게도 한국교회 안에 많이 흩어져 있다. 따라서 유다는 이런 비윤리적인 생활(8절)이 교회 안에 침투하지 못하도록 경고하고 있다. 또 하나 이런 이단자들의 특징은 교만이다(8절). 유다는 이들의 특징을 8절-16절 사이에 잘 묘사하고 있다.

제 3 편
요한계시록

프롤로그(Prologue)

성경 중에서 요한계시록만큼 사람들의 호기심을 자극하고 또 잘못된 해석이 분분한 책은 아마 없을 것입니다. 현대의 많은 이단들이 요한계시록에 근거하여 발생하고 있으며 그들의 공통점은 하나같이 계시록 해석의 방식이 지나치게 아전인수(我田引水)격이고 신비적이며 영적인 해석 방식으로 치우쳐 있어서 계시록을 성경 전체와 조화있게 이해하는데 장애물이 되고 있다는 것입니다. 그럼에도 불구하고 많은 사람들이 이에 심취하고 추종하는 것은 기성 교회에서 이 계시록을 지나치게 신성시하거나 경외하여 올바르고 체계적으로 가르쳐지고 있지 않은 데서 그 원인을 찾아야 할 것입니다.

개혁자이자 대학자인 존 칼빈(John Calvin) 선생은 그의 성경 주석을 저술하면서 요한계시록 주석을 생략했습니다. 아마도 이는 계시록에 대한 칼빈 선생의 조심스런 태도를 반영하는 것이라 생각됩니다. 그러나 분명한 것은 오늘날 만약 칼빈 선생이 살아 계신다면 '오늘 날이야 말로 요한계시록을 주석하고 밝히 그 뜻을 모든 성도들에게 가르쳐야할 것' 이라고 말하리라 믿어 의심치 않습니다.

그러한 동기에서 이 과목을 준비하며 비성경적이고 신비적인 영해(靈解)의 방식을 제거하고 개혁주의적 신학의 입장에서 전체 성경과의 조화를 염두에 두고 분명하고 쉽게 진행하려고 노력했습니다. 비록 난해하고 어려운 부분이 많을 것이라고 예상되지만 그럴 때마다 억지와 인간의 체험과 고집으로 강행하는 계시록 연구가 아니라 저의 부족을 겸손히 고백하고 기도하면서 성령님의 조명(照明)과 인도하심을 기대하는 한편, 학구적인 접근 자세도 잊지 않기를 기도했습니다.

최근, 여러 가지 많은 일과 세속의 잡사(雜事)에 물든 인생들에 의해 상처받고 연약한 육신의 지쳐버림으로 인해 많은 고통을 겪었지만 "이것들을 증언하신 이가 이르시되 내가 진실로 속히 오리라 하시거늘 아멘 주 예수여 오시옵소서"라고 기록된 계시록의 마지막 한 구절을 읽고 참으로 많은 눈물을 흘렸습니다. 그 속에서 발견한 주님의 풍성하신 위로 또한 크다는 것을 알았기 때문입니다.

이 세상에서 저의 마지막 소원이 "착하고 충성된 종"이 되기를 오늘도 간절히 기도드립니다.

1장. 서론, 인자 같으신 이

–계시록 전체의 주제 : 예수 그리스도의 승리

–계시록 해석이 분분하고 어려운 이유

 1) 상징이 너무 많음–숫자, 환상 등

 2) 구조상의 어려움–상호 연결이 잘 안됨, 구조 복잡

 3) 구약의 인용이 많음–구약적 배경에 대한 이해 필요

–그러나 이렇게 계시록의 해석이 분분하고 어려운데도 계시록을 해석해야 하는 이유

 1) 이 시대에 가장 절실한 말씀

 2) 불건전한 집단이 제멋대로 사용하기 때문

–너무 해석에 얽매이지 말 것. 해석보다 중요한 것은 본문 그 자체이다.

9절-20절 인자 같으신 이(핵심)

-혹자는 인자 같으신 이를 천사로 보기도 하나 이는 메시야이다 (단 7장에 의거). 뒷 문장에 보면 "처음이요 나중이며 죽었다가 부활한 자"

-어떻게 이 본문에 접근 할 것인가?

영화된 그리스도가 현현 하심. 요한은 어떤 상황에서 그리스도를 보았는가? 영화된 그리스도의 모습을 요한을 통해 다시 보는데 예수의 통치가 환란과 직결됨. 그러므로 인내가 필요함.

요한이 계시 받는 상황

-"하나님 말씀과 예수…."를 인하여 고난 받음.(이 증언함을 인하여 목숨이 위태할 정도로 환란을 받음)

-밧모섬은 터키 앞 16km×9km 크기로 홍도의 2배 크기. 산, 갈매기, 돌이 많고 주로 정치범들이 유배 되던 곳. A,D. 95년경으로 요한은 80세-90세 가량의 백발 노인이 되어 유배지에 옴. 그래서 섬의 주변 환경인 산, 갈매기, 돌 등으로 아마 좌절 했을 것임.

-당시 황제 도미티아누스(디도 장군의 동생)는 열등의식의 발로로 (삼촌은 사형, 조카는 유배) 자신을 높임(Dominiou ex Deou)

-이런 상황에서 선교하다가 요한은 유배됨. 죄수, 노인으로서의 유배된 요한의 탄식.

-이런 상황에서 요한은 주일날 성령의 감동으로 나팔소리 같은 큰 소리를 들음. 육신은 섬에 유배 되었으나 승리하신 그리스도를 만남. 광야에서의 야곱과 떨기 나무 불꽃 가운데서의 모세처럼.

-본문의 그리스도와 2장-3장의 그리스도의 모습과 연결.

금 촛대 가운데서 말씀하심

촛대는 빛을 발해야 함. 금(교회의 가치는 너무 고귀, 소중함. 교회를 파괴시키는 어떤 행위도 용납 될 수 없음)

인자 같으신 이

–일곱 교회의 사자 : 천사가 아님, 교회의 대표자 즉, 목회자를 주님께서 붙들고 계심.

13절-16절 인상착의

–13절 착의 : 발에 끌리는 옷(ποδηρης) 굉장히 고귀한 옷을 입음.

–14절–16절 : 가슴에 금띠–고귀한 신분표시, 대제사장이 위엄 있게 움직이기 위해 입음

· 머리–희다. 다니엘서의 옛적부터 계신 이의 모습.

· 눈–불꽃같다. 사람의 속마음까지 뚫어봄: 심판하심.

· 발–주석. 힘 안정성을 표시.

· 음성–겔 43:2 하나님의 음성, 말의 권세.

· 오른손에 일곱 별–교회의 사자.

· 오른손에 일곱 별을 붙드심–하나님이 보호, 통제. 하나님 손에 소유.

· 입–좌우에 날선 검. 계 19:15, 출 19:16, 겔 43:2, 단 7:9의 신현과 모양이 같다. 단 7:2–네 짐승, 이미 2장의 신상을 해석한 다니엘은 이것도 해석, "인자 같은 이"이 하나님이 계시록에 등장 1:5 땅에 있는 임금의 머리가 되신 왕중왕의 모습.

이 모습은 구약의 하나님의 모습과 동일. 즉 하나님=예수님.

–고독 낙심 중에 있는 요한에게 하나님은 이러한 모습으로 나타나심.

–당시 교회는 모두 멸망할 것 같은 박해 속에 있었던 때, 보이는 상황은 로마의 박해로 인하여 낙담 할 수 밖에 없는 상황이요 교회가 박해로 소멸 될 것 같았으나 왕중왕 되신 그리스도께서 통치하고 계심을 보여줌.

–그 분을 바라보자. 통치 – 환란 – 인내.

2장- 3장. 아시아의 일곱 교회에 보내는 편지

1. 에베소 교회에 나타나시는 주님의 모습(2:1–7)

–7교회를 통제, 감시, 보호하시는 성령님의 모습.

–에베소는 소아시아의 중심 도시. 행정상 수도는 버가모니아이나 실제로는 에베소임. 에베소는 소아시아의 Mother City.

2절 에베소 교회는 실천(Praxsis)이 있는 교회.

- 야고보서와 같은 말씀이 필요 없는 교회
- 수고
- 인내
- 이단을 폭로(정통성이 있는 교회)

– 그러나 처음 사랑을 버림 : 이 사랑은 고전 13장의 사랑으로 설명하면 안됨. 여기는 '사랑' 이 아니라, '첫사랑' 이다. 첫사랑이란, 본문에서 처음 행위를 말한다. 행 19장에 보면 에베소 교회의 그 처음 행위가 나오고 20장에는 입을 맞추고 바울과 눈물의 이별을 하는 에베소 교회의 모습에서 참 사랑을 나누는 목사와 교인의 모습이 나온다. 이런 뜨거운 처음 사랑의 행위가 급속히 냉각되었

던 것이다.

4절 너를 책망하다(κατα σου). → 너에 대항해서(Against You)

5절(대책) 기억하라(μνημονευε)–어디서 떨어졌는가? 결혼하고? 집사되고? 대학가고? … .

회개하라(μετανοησον)–참된 회개는 돌이키는 것.

처음 행위를 행하라(ποιησον)

–생명나무 과실 : 풍성한 생명을 주는 것(에덴에 있는 생명나무) 이기는 자는 하나님 앞에서 행하는 첫 사랑이 있는 자. 지는 자는 없는 자. 이것은 알미니안적 구원론이 아니라 상급의 개념이다.

교회 이름	그리스도의 모습	칭찬	책망	권면	경고	승리자에게 주실 약속
에베소	통치 하시는 주님	정통	차가움	1.기억하라 2.회개하라 3.처음 행위를 가지라	촛대를 옮기리라	하나님의 낙원에 있는 생명나무의 열매를 주어 먹게 하리라
서머나	부활 하시는 주님	인내		죽도록 충성하라		둘째 사망의 해를 받지 아니하리라
버가모	전쟁 하시는 주님	충성	거짓 교훈	회개하라	전쟁	1.감취었던 만나를 주고 2.흰돌을 주고 3.그 돌위에 새 이름을 기록
두아디라	심판 하시는 주님	근면	불충성	1. 회개하라 2. 굳게 잡아라	사망으로 자녀를 죽임	1.만국을 다스리는 권세를 주리라 2.새벽별을 주리라
사데	전능 하신 주님		비실제성	1. 일깨워라 2. 굳게 잡으라 3. 기억하라 4. 회개하라	도적같이 임하리라	1.흰옷 입음 2.이름을 생명책에서 흐리지 않음 3.아버지와 천사 앞에서 시인
빌라델비아	권위를 가지신 주님	인내		굳게 잡으라		1. 하나님 성전의 기둥이 되게 함 2.새 이름을 그 위에 기록
라오디게아	신성을 가지신 주님		미지근함	금과 흰옷과 안약을 사라	내 입에서 토하여 내침	내(그리스도) 보좌에 앉게 하리라

2. 서머나 교회에 보내는 편지(2:8-11)

-에베소에서 30마일 즉 48Km떨어진 곳(120리 쯤),당시는 도보로 하룻길이었다.

-특징은 부활을 체험한 교회(B.C. 6세기에 파괴, A.D. 3세기에 재건)

-현재 터키의 이즈미르 市(반 가량 신자)무역항이기에 부유함.

-로마에 충성을 바쳤고 시세로가 서머나를 가장 충성스런 동맹으로 격찬.

-에베소와 경쟁하던 도시.

-행 19:10에 이곳에 교회가 섰던 것을 짐작할 수 있다.(바울의 전도로)

-사 48:4;48:12 처음이요 나중

-이사야서 전체 메세지는 '내가 그니라' 인데 이것과 연관된 '처음과 나중이요 '를 설명. 시간과 공간을 초월하신 분(smyrna-exprience)

-Poor rich-man(부자이면서 가난한 자), Rich poor-man(가난하면서 부자)

-딤전 6:18 선한 사업에 부유한 자. 주님 보실 때에 부유한 자는 사람의 부유한 자와는 다르다. 그렇게 큰, 부유한 도시에서 왜 서머나 교회는 가난했는가? → 초대교회 당시 박해는 재산 강탈, 가난한 자가 예수를 믿었기 때문, 또 유대인의 참소 때문.

예화〉

폴리갑은 서머나 교회의 목회자였다. 그는 12번째의 순교자였는데 자신의 교회의 교인 11명이 원형 경기장에서 사자들의 밥이 되었다. 그래서 피신한 폴리갑은 은밀히 기도하다가 체포되어 원형 경기장에 끌려갔는데 그때 이방인과 유대인들의 통제 받을 수 없는 원성 받았다. 그리고 폴리갑을 죽이기 위해 안식일 날 유대인들이 장작까지 옮겼다. 마지막으로 폴리갑은 "86년 동안 단 한번도 나를 배반 한 적이 없는 예수를 내가 배반 할 수 없다"는 유명한 말을 남겼고 그때 하늘에서 "폴리갑아 용기를 내라…"는 음성이 들렸다고 한다. 폴리갑은 불태워 졌으나 불에 타지 않아 찔러서 죽였다.

-옥에 갇힘의 핍박.(당시는 감옥의 재정이 없어서 사람을 잘 가두지 않았다. 사형과 벌금형이 주종을 이루었다.)
-10일 간은 잠깐의 고난당함을 의미.
-미리 이렇게 고난을 예언하는 것은 대비와 각오를 하게 하기 위해서이다.

10절 두려워 말라(고난은 당연히 두려워해야 하는데 두려워 말라라니!) 죽도록 충성하라 : 이 말씀한 주님이 몸소 죽도록 충성하셨다. 충성의 한계는 죽음이다. 죽을 때까지 충성하라(신앙의 지조가 필요함) 내가 하는 이 일은 주님이 나에게 맡겼다. 그러므로 주님이 그만두라고 하기 전까지는 절대 그만 둘 수 없는 것이다.

8절 부활을 보장. 그러기 때문에 "두려워 말라"
-격려:생명의 면류관을 주리라(당시 서머나 시 자체가 면류관 모양으로 생겼다) 그래서 당시 사람들이 가장 쉽게 이해 할 수 있는 모티브를 사용하여 설명.
-생명의 면류관:이것은 풍성한 생명을 주겠다는 것인지 아니면 실제로 면류관을 주겠다는 것인지 어디가 상징이고 실제인지 천국에 가봐야 알 것 같다.

Cross가 없으면 Crown이 없다!!!!
Born once, die twice
Born twice, die once!

3. 버가모 교회에 보내는 편지(계 2:12-17)

1. B.C. 2C에 당시에 유메네스 2세 왕이 알렉산드리아 보다 큰 세계 최대의 도서관을 만들기 위해 소, 양을 잡아 양피지(περγαμηνη)를 만들어 20만 권의 장서를 소장.
2. 갈레느나(히포크라테스의 제자)의 출생지
   신전에서 이방 제사장이 신유를 행함
3. 제우스 신전, 로마 황제 숭배 신전 있었다. - 여기가 로마제국의 행정 수도였기 때문.

13절 "네가 어디 사는 것을"

- 거기는 사단의 위가 있는 곳, 즉 신전이 많은 곳, 사단의 보좌가 있는 곳, 사단의 범죄가 있는 곳 (하나님은 하늘 보좌, 사단은 버가모의 보좌, 버가모는 사단의 집무실이 있는 곳)
- 버가모는 그리스도와 복음의 저항 본부. 로마가 황제 숭배의 서쪽 센터. 버가모는 동쪽 센터.
- 에베소에서 106km 떨어진 곳. 행 16장에 보면 바울이 지나갈 때 교회를 세웠을 수도 있고 행 19장에 에베소에서 2년 간 전할 때 교회가 설립 됐었을 수도 있다.

여기 버가모에 큰 싸움이 일어났는데, 그 이유는
Caesar is Lord
Christ is Lord

- "네가 어디에 사는지를 내가 아노니"(이는 하나님의 진노를 피할 수 없다는 뜻)

– 이런 곳에서 안디바는 순교를 당했다.
- ὁ μαρτος μου(나의 증인)
- ὁ πιστος μου(나의 신실한 자)
- 평소에 순교자의 삶을 살아야 순교 할 수 있다.
- 6:9-11을 위로로 읽어 주어야 한다. 여기에는 순교자들이 죽어 있지 않고 살아 있다. 하나님의 제단 아래 서 있다.
– 이름을 굳게 잡고 죽임 당할 때도 나를 믿는 믿음을 저버리지 아니하였도다.

O, that I had a martyr's heart and martyr's crown if not a martyr's death !

–이런 외부로 부터 오는 저항(핍박)들을 이겼으나, 내부의 적인 발람(니골라당)과 이세벨은 용납 → 세속주의를 용납, 행음(정상적인 인간 관계의 깨어짐)

16절 회개하라, 돌이키라 검으로 속히 임함.–재림이 아니고 심판으로 임함. 그들과 싸움–소수의 죄인들과.

–약속 · 감취었던 만나 → 상급을 줌
· 흰 돌 → 재판관이 흰 돌을 던지면 죄가 없다는 것(주님과 함께 재판하는 권한을 줌)

4. 두아디라 교회에 보내는 편지(2:18–29)

버가모 동남쪽 40마일. 수도 방위 기지. 군사적 의의가 있는 도시. 무역업이 활발. Trade guilds(길드무역)가 있었다. 빵 굽는 길드, 피혁 길드, 의류 길드, 도자기 길드, 제화 길드, 대장장이 길드 … . 각 길드 마다 수호신을 두고 모일 때마다 수호신께 경배를 했다. 그 경배의 내용으로 제사 의식의 하나로 매춘 행위가 있었다.

19절 "사업"은 행위 즉 "일", "행위"도 "일"

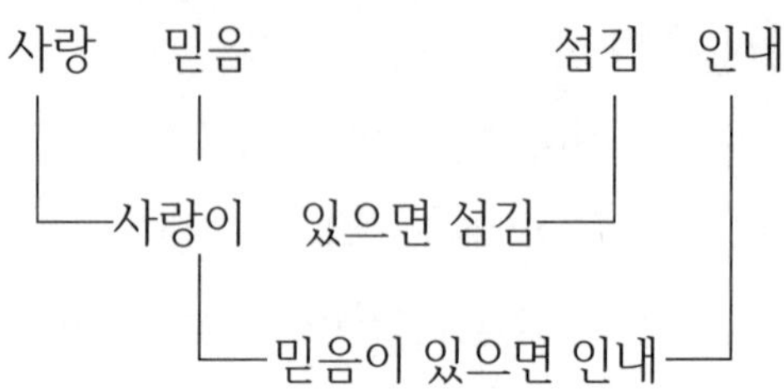

"네 나중 행위가 처음 것보다 많다" - 성장과 성숙이 있는 교회. 행위는 아름다웠으나

20절 "이세벨"을 용납 "이세벨"은 상징. 왜냐하면 계시록의 전형적인 표현 방법임.

- 11장에도 보면 "소돔이라고도 하고 애굽이라고도 하고…." 즉 계시록은 비슷한 것이 나타나면 상징적으로 표현하는 법을 사용하고 있다.
- 이세벨은 구약의 이세벨의 행위를 반복(왕상 16장) 이세벨의 아버지는 페니키아의 왕(시돈 왕) 즉 엣바알(With Baal) 이라는 이름이었다. 이세벨은 엄청난 우상숭배의 후손이었다. 왕하 9:22에 음행(종교의식)과 술수(마술)를 행함. 이런 사람이 교회에 들어왔음.
- 왜 교회가 용납했을까?

1. 사랑을 가지고 잘못된 것을 포용(타협적 사랑)
2. 자칭 선지자 였기에(예언의 은사가 있는 사람이었기 때문, 영적 권위가 있는 사람)
3. 미인이었기 때문(꾀면 넘어감)

– spritual brinksmanship(영적 낭떠러지 게임)–두아디라 교회는 타협적인 삶과 이슬아슬한 스릴을 즐기며 살아가고 있었다. 죄는 멀리 할수록 좋다.

24절 “사탄의 깊은 것”

–나는 신령하므로 사탄의 깊은 것을 안다. 즉 사탄의 계략을 안다고 뽐내는 것이라 해석하나 문맥상 사탄의 깊은 것을 모르는 것을 칭찬하고 있다. 그래서 소위 사탄의 깊은 것은 사탄과 관련된 깊은 악을 의미함. 이런 이세벨이 폭풍우처럼 교회를 뚫고 들어옴.

–more gaiety, less piety(교회 분위기가 한결 밝아졌지만, 경건은 줄었다.)

–하나님으로부터 멀어지고 죄가 은밀히 들어옴. 악이 들어 올 때 어떤 권위를 가지고 있더라도 NO 라고 강하게 말할 수 있어야 한다.

21절 회개에도 기회가 있다.

–하나님의 오래 참으심은 무한하지 않다. 하나님이 무한히 참으면 심판이 없어진다. 심판의 도끼가 벼락소리를 내며 우리 머리 위에서 떨어지는 날이 있다. 회개에는 기회가 있는 것이다.

–“침상을 치리라”(22절)–쾌락의 침상이 고통의 침상이 되고 “사망”(23절)까지 내린다. 히 12:10–하나님은 우리를 행복하게 해주기를 원하시지만 우리가 거룩하기를 더 원하고 계신다.

25절 “다만 너희에게 있는 것을 굳게 잡아라”

– 악을 계속 끝까지 행하라. 주님의 통치권에 동참 시켜 주심.

– 이 통치권이 현세에 나타나는 것이 바로 영력이다. 영적 파워가 있어야 사탄의 권세를 제압.

23절 마지막 결론(사람의 뜻과 마음을 살펴야 함)

5. 사데 교회에 보내는 편지(3:1-6)

"살아 있으나 죽은 자"-살아 있다는 이름(ονομα)을 가졌다는 것?-유명하고 명성이 있는 자와 교회를 의미 함. 그런데 주님이 보시기에 죽었다

Death in the pew- 교회 좌석에 앉아 있는 자들의 죽음. 육신적 죽음도 아니고 심리적(절망적) 죽음도 아니다. 실천과 사업(구제, 봉사, 선교, 금식)도 많이 한 교회였다. 그런데 죽었다. 왜 죽었을까? → 2절을 보라.

2절 "온전한 것을 찾지 못함"

- "내(하나님) 앞에서 온전함이 없음", 즉 하나님 앞에서 행함이 없음. 온전함(fill) 즉, 하나님의 믿음에 채워져야 하는데 그것이 없어서 죽었다. 완전무결한 행위가 아니라 하나님이 받음직한 행위를 의미한다. 이것을 알면 선교도 바른 선교, 구제도 바른 구제, 사랑도 바른 사랑이 될 수 밖에 없다.

4절 옷을 더럽히지 않은 행위.

- 주후 17년에 지진으로 폐허가 되었으나 티베리우스가 재건. 사이벨레 여신의 신전이 있었음. 소아시아 지역의 중심 무역도시. 사치(과소비) 도덕성 상실. 이단이 없고 유명하고 살았으나 조용히 세상과 타협하여 옷을 더럽혔다. 행위는 있었지만 오염된 행위 뿐이었다(딤전 5:6, 딤후3:5;1-7).

2절 왜 이렇게 되었는가?

- "일깨워"(영적으로 잠드니까 죽은 행위가 나옴), 생각(기억)하고

지키어 회개하라(구체적으로 듣고 기억해야 한다. 그러나 사데교회는 대충 듣고 잊어버리고 대충 살다보니 죽어 버렸다) 정확한 말씀의 기준대로 살지 못하기 때문이다.

– 사단은 약간의 종교(a little religion)를 원하여 백신을 주사한다. 그러면 참 신앙이 들어오지 못한다. 그래서 약간의 신앙을 소유한 사람은 "언제나 나도 그 정도는 안다"로 일관하기 때문에 교회에서 문제를 일으키고 시험들게 하는 것이다.

– 이런 교회는 희망이 없는가?

19절 "사랑하는 자를 징계 책망"

– 회개는 눈물 흘리는 것이 아니라 고치는 것. 고쳐야 한다.

3절 고치지 않으면 네게 임함(재림이 아니고 회개치 않는 개인 개인에게 임함. 징계의 도끼 날을 들고)

2절 약간의 가능성을 보고(1%의 가능성)

4절 "몇 명이 네게 있어….", "몇 명이 네게 있어…."

– 이것이 결론이다. 뼈에 사무치는 말. 그래도 몇 명이 남아 있었다. 그 몇 명이 바로 내가 되어야 한다. 아시아의 거룩한 그루터기, 엘리야의 혼자만이라는 고독감을 우리는 버려야 한다(칠천 명이 남아있음).

5절 생명 책에서 흐림(wipe away) 즉, 지워서 없애 버림.

– 더럽혀 지지 않도록 회개하고 기도해야 함.

6. 빌라델피아 교회에 보내는 편지(3:7–13)

open door(열린 문)이란 : 사 22:22과 연결하여 생각할 것

7절 다윗의 열쇠(사 22:15, 22)

- 절대 주권을 가진 분 : 열면 닫을 자가 없고 닫으면 열 사람이 없음.

8절 열린 문은 광대 공효한 말씀 전파와 선교와 관련된 문이다.

- 믿음의 문이 열려야 말씀을 받을 수 있다. 이 문은 또 봉사와 일거리의 문이기도 하다.
- 행 16:6-10 예수 그리스도는 추수와 일꾼의 머리로서 일꾼들이 어디로 가서 일해야 할지의 주장권이 있다.
- 빌라델피아는 사데 동남쪽 45Km로 형제 유메네스를 사랑한 황제가 세움. 특징은 교육, 문화의 중심지이다. 즉 교육을 통해 헬라문화를 전파하는 헬라 문화의 선교 중심지 였다. 주후 17년에 대지진으로 폐허가 되었다가 재건했던 도시로 σεισμονπληρης(지진이 충만한 도시)라 불렸다. 거의 매일 지진이 있었던 듯하다.

10절 환란을 예고한 교회

- 김용기 장로는 27세에 '동방요배하고 장로 장립을 하라!' 는 것을 거부하고 투옥 당했으나 일경의 회유를 단호히 거절하고 말씀을 지켰다.

11절 인내의 말씀(말씀의 핵심이 인내이다. 히 11:1-2을 보라)

- 듣는데는 인내가 필요 없으나 지키는 데는 인내가 필요하다(계 13:10).
- 예수님이 왜 열린 문을 주셨는가? 고난이 들어와도 말씀을 지키는 적은 능력을 소유(큰 능력 만이 위대한 것이 아님. 예수님은 적은 일에 충성하는 사람에게 큰 일을 맡김)

격려 〉

1. 굳게 잡아 면류관을 빼앗지 못하게 하라.

2. 사랑의 표시를 줌(그것은 반대자를 제거함, 교회의 건축을 방해하면 갑자기 제거해 버림)–사 45:15

3. 시험을 면케(시험을 피하기보다 시험 당하나 이길 수 있게)

12절 건물(성전)의 기둥이 되게 함(안전 보장을 함)

– 결코 다시 나가지 않게 함 : 필리델피아는 지진으로 늘 유동적인 도시였으나 더 이상 도망가는 일이 없게 함.

– 하나님의 이름, 예루살렘, 예수의 이름으로 3중 보장(절대 안전 보장)

– 적은 능력을 불평하지 말고 적은 능력을 가지고 인내하는 필라델피아 교회의 신앙과 하나님의 능력을 통해 열린 문을 받으시기 바란다!

7. 라오디게아 교회에 보낸 편지(3:14–22)

라오디게아 교회는 미지근함을 이해해야 한다. 라오디게아교회의 특징

–미지근 함(χλιαρξς):차지도 덥지도 않음.

· 차다 - 얼음처럼 차다.하나님의 말씀을 전적으로 거부, 무관심, 불신(cold antagonism)

· 덥다 - 불처럼 뜨겁다. 아 8:6, 눅 24:32(hot enthusiasm)

– 히에라폴리스에서 흘러나오는 온천수가 라오디게아까지 오면 식어 미지근한 석회수가 됨. 그래서 그 물을 마시면 역겨움이 있음.

15절 차든지 덥든지 하기를 원한다.

– 찬 것, 더운 것이 무엇인지 구별하기를 좋아하지 말라! 주님이

차기를, 즉 적대를 원하셨단 말인가? 주님은 정말 양자 중 하나를 원하셨던가? 아니면 주님의 탄식인가? 탄식의 측면에서 보면 차라리 주님에 대한 적대감이라면 변화 될 때는 완전히 뜨거움으로 변화 될 수 있지 않은가? 하는 탄식의 의미도 있다.

17절 미지근함은 구체적으로 무엇을 의미하는가?

- 알지 못하는 것. 즉 착각하는 상태, 내가 잘나고 훌륭하다고 생각하는 것들.
- 라오디게아는 소아시아의 금융도시로 은행업이 성행하고 직물업과 안과 대학(눈에 바르는 약이 발전된 곳)이 있어 3가지가 유명, 대지진 후에는 외부 도움없이 자체 복구 할 만큼 부유한 도시였다. 즉 "The church in a affluent society" 풍요로운 사회 속의 교회였다.

3가지 가슴
- 불타는 가슴-눅 24:35
- 식은 가슴-마 24:12
- 미지근한 가슴-계 3:16

- 라오디게아 교회는 거짓 안정(false security)과 closed system의 신앙을 가지고 있었음. 시장 철학이 그들의 교회에 들어와 그들의 가치관이 왜곡되었다.-건물 자랑, 예산 자랑, 실적 자랑.
- Their matrial wealth and glowing statistics were but shrouds hiding a rottering corpse.
- 곤고한 것과 가련한 것 – 참혹하고 처절한 이 상태를 남이 볼 때 가련하다.

- 극도로 참혹하고 곤고한 것을 주님이 3가지로 지적-가난(은행), 눈먼 것(안과), 벌거벗은 것(직물)-이것은 주님의 평가로서 즉 주님의 X-ray이다. a beggar blind and naked

19절 대책

- 주님의 대책은 책망(말을 통해), 징계(행위를 통해)
- 호 2:1-7을 참고
- 열심을 내라(불을 회복 3:18절)

불을 회복하는 방법

1. 불로 연단한 금(은행)을 사라(진정한 부,벧 1:7-금보다 귀한 순수한 믿음)
2. 흰옷(직물 옷)-진짜 벌거벗지 않은 것은 주님의 옷을 입는 것, 즉 순수한 믿음
3. 안약(안과)-진정한 의미의 안약은 하나님을 보는 비전, 자신과 세상의 죄악을 보는 것.

14절 창조의 근본

- 라오디게아 교회와 같이 참혹한 교회도 다시 재창조하셔서 불을 붙여 충만케 함.

20절 미지근한 교회는 문밖의 주님만 모셔 들이면 미지근함을 해결할 수 있다.

- 다시 주님을 영접하는 것이다!!!

4장. 하늘 보좌에 앉으신 이

1절-4절

–하늘에 열린 문이 있고 "이리로 올라오라!" 이 체험의 감격과 흥분을 느껴보자!

–"이후에 마땅히 일어날 일들"(일곱 교회의 후에 될 일)–여기서 세대주의는 교회의 휴거를 주장하나 여기서 휴거 된 사람은 요한이지 교회가 아님. 왜냐하면 11장에 요한은 땅에서 성전을 측량하고 있다. 그러므로 교회의 휴거로는 절대 볼 수 없다.

2절 보좌에 앉으신 이의 모습(보좌가 비어있지 않다!!)

–벽옥과 같다–순수, 순결성을 상징

–홍보석(Bloody Red)–피처럼 붉은 색, 심판을 의미.

–무지개(에머럴드)–녹보석, 긍휼을 의미,

창 9:13의 무지개를 의미.

–보좌의 24장로들이 흰옷을 입음–7:14의 흰옷은 예수 그리스도의 피에 옷을 씻음. 그리고 3:4의 더럽히지 않아서 깨끗하기도 함. 둘다 동시적으로 조명이 필요. 이들은 금관을 썼는데 그것은 왕관이 아니고 면류관(스테파노스)이다. 즉 승리의 월계관이다.

5절 번개, 우레, 음성

–계 11:19;16:18은 그 진원지를 밝히고 있는데 이는 보좌에서 나옴.

–일곱 영 : 완전수

6절 유리바다

–보좌 앞에 펼쳐진 수정같은 유리 바다. 마치 물같이 펼쳐짐.

– 4생물 : 앞뒤에 눈들이 가득(사 6, 겔 1:5, 10:20의 그룹과 비슷.)

· 첫째 생물-사자(능력)

· 둘째 생물-송아지(유용성)

· 세째 생물-사 람(지혜)

· 네째 생물-독수리(신속)

10절 이십사 장로의 찬양–하나님이 통치하고 계심

– 하나님이 우주의 총사령부에 앉아 계심. 보좌가 비어있지 않다! 이것은 요한 시대 박해받는 교회의 성도들에게 엄청난 위로가 된다. 보좌가 비어 있지 않다! 이런 위로는 다니엘서에서도 나타난다. 멸망한 유대의 백성들에게 하나님이 희망을 주시기 위해 느부갓네살에게 꿈을 꾸게 하여 하나님이 통치하고 계심을 보인다. 이것은 절망한 사람들에게 대한 하나님의 절대 신뢰(Total Trust)를 가르치는 것. 이것을 알고는 찬송이 나오지 않을 수 없음.

하늘의 찬송 ─┐

땅의 찬송 <─┘

찬송가 27장(빛나고 높은 보좌와)

5장. 인봉한 책

5장 전체의 내용은 칠중 인봉한 책 – 일곱 인으로 봉한 책

이 책이 보좌에 앉으신 이의 오른 손에 들려져 있다. 안 밖으로 쓰여져 있고 일곱 번 봉인이 되어 있음. 이 책의 내용은 6장 이하의 내용(인을 떼면 내용을 알게 됨) 인봉한 이유는 로마 세계의 관습상 유언은 칠중 인봉한다. 상속자만이 그 인을 떼어 개봉할 수 있

다. 6장 이하의 내용은 자격 있는 상속자만 뗄 수 있는데 그것은 유언의 내용을 공개해서 집행하는 자들을 의미. 칠중 인봉한 책을 공개해서 집행하는 무리.

2절 누가 떼기에 합당하냐?-힘센 천사가 질문(αξιος)

9절 합당하시도다 (αξιος)

12절 합당하시도다 (αξιος)

-5장의 내용은 αξιος로 요약될 수 있다(누가 합당하냐? 합당하시도다!).

-"누가 합당하냐?" 할 때 3절에는 아무도 합당한 자가 없었음.

4절 요한이 인 떼기에 합당한 자가 없어 울었다.

- 이유는 4:1절 하반절에 "이후의 마땅히 일어날 일들을 볼 수 없었기 때문"에 울었다.

-이후의 마땅히 일어날 일을 본다는 것이 왜 중요한가? 그리고 그것은 무엇인가?

-그 당시의 교회가 얼마나 어려움을 당하고 있었는가? 핍박을 받고 요한도 어려움을 당하고 있었는데 그 어려움을 해소해 주는 후일의 역사가 진행될 때 마음의 후련함이 있을 것이고 그 역사는 결국 한편으로 교회를 구원하는 것이고 다른 한편으로는 불의한 세계를 심판하는 것이다. 즉 구원과 심판의 메세지인데 그것이 닫혀 있어서 열어주고 집행할 사람이 없음.

–"펴거나"라는 것은 떼어서 집행한다는 것을 의미. 그러므로 떼어서 집행할 자가 보이지 않음으로 답답해서 운 것임. 1절과 연결시켜 볼 때 그래서 운 것임(계시를 받지 못했으므로). 어떤 이들은 이 부분을 "우는 십자가의 길 외에는 천국이 없다"고 설교를 하는데 참으로 인간이 절망할 때(눈물) 천국의 길은 시작되는 것이다. 사사기의 보김(우는 자들)이 울음을 통해 주님을 만나고 벧엘에 들어감.

–사도 요한이 크게 울 때 한 장로가 달래며 "울지 말라 유대 지파의 사자(Lion) 다윗의 뿌리가 이겼으니 그 두루마리와 그 일곱 인을 떼시리라"고 위로 함.

– 누가 합당하냐? : 창 49:9과 연결, 계 22:16, 사 11:9의 다윗의 뿌리와 연결, 결국은 메시야를 가리킴.

–사자가 이겼다. 승리했기 때문에 인을 뗌. 메시야가 승리했음을 요 16:33 "내가 세상을 이기었노라"고 기록. 계 1:18 "내가 전에 죽었었노라 이제 세세토록 살아 있어" 계 3:21 "이기는 그에게는" 고전 15:55–58 "사망을 이기심"

–결국 장로가 말한 내용은 그리스도가 승리한 것. 메시야를 사자(Lion)로 묘사, 그래서 사자를 보려고 기대했는데 정작 6절에 나타난 것은 어린양이었더라고 기록.

–5장의 중요한 핵심은 어린양. 요한은 사자를 기대했는데 실제로 본 것은 어린양이었다. 이것은 굉장한 충격이었다. 사자 대신 가장 약한 어린양이 그것도 일찍 죽임 당한 것 같은 어린 양 – 형편없는 어린 양이 나타난 것이었다.

–창 22:7에서 이삭이 어린양이 어디 있느냐고 질문. 아브라함이 "아버지께서 준비하신다." 그 어린양이 구약 전체에 유월절 어

린양으로 묘사됨. 그리고 신약에서는 흠 없는 어린양으로 묘사됨(요1:29). 이 어린양이 계시록의 너무 중요한 개념으로 나타남(5:6,8,12,13;6:1,16;7:9,10,14,17;12:11;13:8,11;14:1,4,10;15:3;17:14;19:7,9;21:9,14,22,23,27;22:1,3) 12개 장에 총 27번 나옴. 이 어린양은 계시록의 Key Word임.

- 이 어린양이 5장에서 죽임을 당함. 이 죽음은 도살, 학살, 제사드릴 때 죽이는 그 죽음을 말하므로 희생 제물임이 암시되어 있다. 이 어린양이 계시록의 가장 중요한 개념인 것이다. 그런데 종교다원주의, 도살신학 등이 이 개념을 말살하는데 12개 장에 걸쳐 27번이나 나옴으로 이 사상을 부인 할 수 없다. 기독교의 핵심을 빼고 이야기 할 수도 없음에도 불구하고 자유주의 신학에서는 오히려 이 개념을 무시하고 야유하고 조롱의 대상으로 삼고 있다. 현대는 분위기가 이미 상당히 다원론으로 기울어가고 있다. 그러나 계시록은 어린양의 희생 신학이 핵심을 이루고 있다. 어린양의 위치는 보좌와 네 생물과 장로들 사이에 위치.

6절 "사이"는 "가운데"를 의미함.

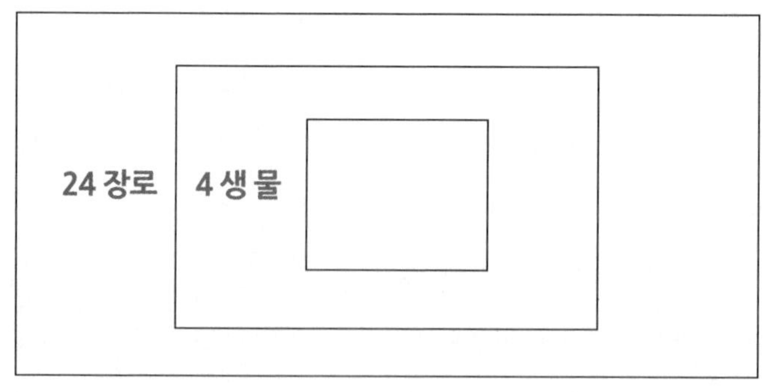

-22:1 "하나님과 및 어린 양의 보좌"는 헬라어 원문에는 보좌가

단수 즉 같은 보좌임을 알 수 있다. 그러나 5:13에는 보좌에 앉으신 이와 어린양의 위치가 구분되어 있음. 그러면 계시록에서 하나님과 어린양의 위치가 정확히 어디인가?-정확히 설명하기는 어렵다(상징이 많기 때문).

-어린양, 일곱 뿔 : 뿔은 Power(완전한 능력)

-일곱 눈, 눈은 지혜(완전한 지혜) : 이것을 하나님의 일곱 영이라고 표현-온 땅에 두루 보내심을 받았다(하나님의 편재) 계 1장의 인자는 일곱 촛대 사이를 거닐고 계심. 그런데 5장에는 하늘 보좌에 계심. 이 둘을 어떻게 조화시키는가? 온 땅에 두루 보내심을 받은 7영이라고 하기 때문에 그것에 연결된다고 본다. 그런데 이렇게 볼 때 문제점이 성부, 성자, 성령이라고 하는데 성자가 성령을 가지고 계신 것으로 묘사가 되고 있다는 것이다.(어린양이 일곱 뿔, 일곱 눈을 가지고 있으므로), 이것은 상징이므로 이것을 가지고 삼위일체를 논하는 것은 무리이다. 이런 것들을 통해서 성자의 역할이 성령과 별도의 것이 아님을 이해하고 성령님을 이야기 할 때는 편재하는, 모든 것을 보시는 영으로 이해하면 됨.

-그 어린양이 죽임을 당했다 : 희생제물과 연결되어 계시록에 나타나는 피로 자기 백성을 샀다(계 1:5;5:9).

5장의 강조점(사자-어린양)

사자-승리의 상징, 승리의 방법이 어린양을 통한 속죄와 희생의 방법임(1:14-피로 씻은 자가 완전한 승리. 12:11-어린양의 피가 악령(용)을 이기는 유일한 방법) 교회가 십자가의 신앙을 놓치면 순교의 기회를 놓치는 것이 되기 때문에 꼼짝없이 꺾이고 만다.

혹시 악령의 유혹을 직접 받을 때 "하나님의 아들 예수 그리스도의 십자가"를 외쳐야 함(반복적으로) 그러면 물러감.

19:7-10절, 승리의 방법이 어린양을 통한 것이다.

-어린양을 바로 따라가는 것이 사자가 되는 길임(어린양을 통해서 사자가 되기 때문에 너무 답답하고 무능해 보이지만 이것이 참 승리의 길임.)

-고후 4:10-12 "우리가 항상 예수를 죽인 것을 마음에 짊어짐은 예수의 생명도 우리 몸에 나타나게 하려 함이라" 여기에 역설이 있다. 우리가 예수 죽인 것을 짊어지고 다닌다는 것은 11절에 말하기를 예수를 위하여 항상 죽임에 넘기는 삶을 사는데 예수의 생명이 나온다. 이것이 승리의 비결임. 예수를 위해 날마다 죽는 사람은 예수의 생명이 나를 통해 살아남.-이것이 기독교의 역설이고 승리의 방법임. 예수 때문에 잡히고 상처받고 죽고 눈물을 흘려 보라. 그때 강단에 서면 신령해짐. 목회자들이 진실할 때 기적이 나타남.

-고후 4:16 "낙심하지 아니하노니"

-고후 12:7~10 하나님이 바울의 병을 안 고치심 그러나 바울은 약한 것을 기뻐함-기독교의 역설. 우리는 능력의 방망이를 휘두르고 싶어함. 그러나 하나님은 초라한 능력을 주심. 모세가 40세에 이스라엘의 지도자가 되었다면 참 멋있었을 것임. 그러나 하나님은 모세를 꺾어버리시고 이젠 포기한 상태인 80세에 다시 불렀다. 또 17세의 요셉을 하나님은 13년간 연단. 하나님이 꺾어놓고 쓰시는 사람이 있음. 어린양의 사자(얼른 보면 양이지만 사자임), 이 원리를 계시록 전체에서 가르치고 있음. 이것이 요한에

게 얼마나 큰 위로가 되었을까?

5절-14절 αξιος송(합당의 노래)

-중앙에 보좌 → 네 생물 → 이십사 장로 →무수한 천사 → 천하 만물

-이십사 장로가 거문고와 금 대접(향을 가득 담고 있음 향은 기도, 기도가 이렇게 중요함. 새벽, 낮, 밤 등에서 기도하고 강단에 서는 것은 큰 은혜 끼치는 비결)-하용인 평신도 선교사는 40일 금식으로 몽고 선교 준비. 기도는 향기로 금대접에 담겨 하나님께 올라가는 것.

-성도들의 기도는 하모니를 형성하고 성도의 기도는 멜로디를 형성한다.

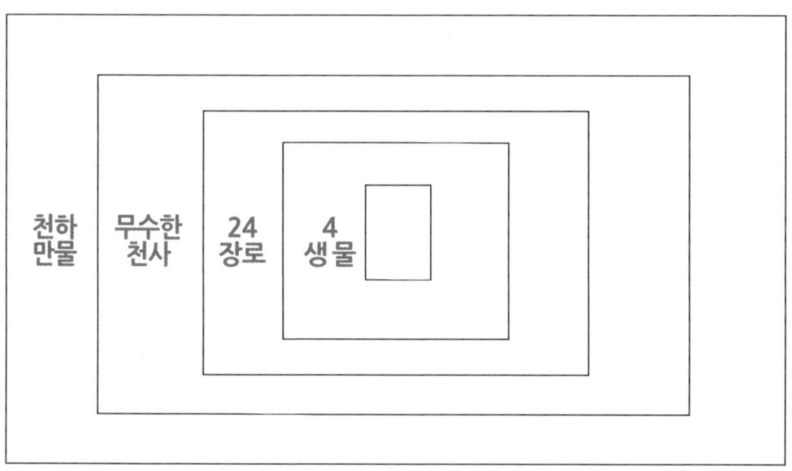

-이십사 장로의 찬송 후-많은 천사의 찬송-만물의 찬송(13절)-구원의 찬송(Redemption song, 4장은 창조의 찬송이었던데 비해) 기쁨의 찬송, 12절의 7가지 찬송(Hexa 송), 만물 성가대, 우주 성가대, 하늘 위, 땅 위, 바다 위, 땅 아래(13절)-즉 만물

· 합당하다는 말을 놓고-worship song

· 죽임 당했다-gospel song

· 각 족속과 방언(9절)-전체 즉 선교송

· 제사장들의 나라-헌신송

· 왕노릇 하리로다-예언송

등으로 설명하기도 함. (찬양대 헌신예배에 의미 설교가 될 수 있음)

정리 〉

보좌에 앉으신 이(오른 손에 7중 인봉서 즉 구원사의 청사진을 어린양이 떼서 집행하신다.)–힘을 통한 승리가 아니라 희생을 통한 승리, 어린양을 사자로 봄, 불평과 원망이 아니라 찬양으로 승리함

이 어린양이 6절 "보좌와 네 생물과 장로들 사이에" 있는데 이것은 중앙으로 이미 설명. 그 분이 중앙에서 인을 떼시면서 집행해 나가시는 것이 우리에게 얼마나 큰 위로가 되고 확신을 주는지 모른다. 여기에 근거해 우리는 큰 소리로 찬양 부를 수 있다. (찬송가 36장 주 예수 이름 높이어)

6장. 첫 번째 인 재앙 - 여섯 번째 인 재앙

1절

–보좌와 네 생물과 이십 사 장로들 중앙에 있는 어린양이 자신의 죽음으로 승리하셔서 성부 하나님 오른 손에 있는 책을 개봉하시

기에 합당한 자가 되셔서 성부 하나님이 손에서 그 책을 넘겨받아 인을 개봉하심.

-어린양 되시는 성자 예수께서 책을 개봉하시는 것은 하나님의 구원 계획을 계시하고, 앞으로 집행하실 것을 의미하는 것이다.

2절

-첫 번째 인을 개봉하자 흰 말과 그 탄 자가 활을 가졌고, 면류관을 받고 나가서 이기고 또 이기려고 하였다고 했는데 여기서 해석의 방향을 "흰 말"은 구체적으로 무엇이며 "그 탄 자"는 구체적으로 무엇을 상징하는가? 하는 식으로 해석할 것이 아니라 흰 말과 그 탄 자와 활과 면류관이 전체적으로 무엇을 상징하는지를 살펴보아야 한다. 첫 번째 인 재앙의 내용을 푸는 단서가 마지막 부분에 나오는데 그것이 바로 "이기고 또 이기려고"라는 표현임.

-첫 번째 인 재앙의 내용은 거듭되는 승리를 상징하는 것으로 흰 말과 그 탄자도 승리를 상징함. 구약 스가랴 6:1-8을 보면 말 탄 자는 정복을 통해 심판하는 하나님의 도구이며 초대교회 당시에도 파르티안(Parthians)들이 로마를 침공할 때 말을 타고 활을 무기로 사용하였는데 이러한 이미지를 활용하여 표현한 것. 그래서 여기에 등장하는 활이나 면류관은 전부 군사적인 승리와 관련된 것임을 알려준다.

-첫 번째 인 재앙에 나오는 흰말은 결국 군사적인 정복으로 사람들이 죽을 것임을 보여주는 것으로 이것은 예수님께서 말씀하신 전쟁의 징조와 맞아 떨어지는 것으로 말세에 각처에서 민족과 민족이, 나라와 나라가 서로 대적하여 일어나는 분쟁과 전쟁을 의

미하는 것이다.

3절-4절

–두 번째 인을 뗄 때 나타나는 붉은 말 재앙으로서 여기서 붉은 색은 불같은 붉은 색(πυρρος)으로 가장 가공할 살상과 피 흘림을 상징하는 것이다. 그리고 땅에서 화평을 제하여 서로 죽인다고 하였는데 "화평을 제거 한다"는 것은 전쟁의 소극적인 표현이고, "서로 죽인다"다는 것은 전쟁의 적극적인 표현이며 "큰 칼"은 아마도 미사일이나, 핵무기 같은 대량 살상무기를 상징하는 것으로 보인다.

5절-6절

–세 번째 인 재앙은 경제적인 어려움, 즉 물자의 결핍을 보여주는 것인데 "검은 말"은 기근이나 흉년으로 말미암는 죽음과 고통을 상징하는 색으로 6절에서 "한 데나리온에 밀 한 되요, 보리 석 되"라는 것은 심각한 인플레이션으로 말미암는 경제적인 고통이 극심할 것임을 표현한 것이다. 손에 저울을 가진 것(5절) 역시도 그러한 이유에서 임.

–원래 밀 한 되는 보통 노동자의 하루 식사 분량이며, 보리 석 되도 역시 하루에 필요한 최소한의 식량인데 그 가격이 한 데나리온이라고 했으니 노동자가 하루 종일 일한 임금으로 하루 먹을 식량밖에 구할 수 없으니 이 얼마나 엄청난 고통인가를 보여주는 것이다. 이것은 보통 때의 1/5 또는 1/12밖에 안되는 심각한 상황임을 묘사하는 것.

–이런 와중에도 감람유와 포도주는 해치지 말라고 하였는데 이는 당시 사람들은 밀과 보리와 감람유와 포도주를 주식으로 삼고 있었기 때문에 심각한 결핍이 닥치는 경제적 공황 상태 속에서도 일부분은 남겨두는 하나님의 긍휼을 의미한다. 즉, 네 번째 인 재앙에서 드러난 것과 같이(8절) 일곱 인 재앙은 땅의 사람들 다 죽이는 재앙이 아니라 1/4만 죽이는 재앙이므로 밀과 보리의 심각한 결핍 중에도 감람유와 포도주는 해치지 않는 긍휼을 보이신 것이다.

7절-8절

–네 번째 인 재앙은 "청황색"말의 재앙으로 청황색은 창백한 죽음의 색으로 시체들의 색을 의미. 특별히 청황색 말을 탄 자의 이름을 사망이라고 밝히고 검과 흉년과 사망과 땅의 짐승들로 인한 포괄적인 4가지 방법으로 죽이는 재앙이라고 밝히고 있는데 여기서 세 번째로 묘사된 "사망"(θανατος)은 '질병' 으로 번역하는 것이 더 좋은 번역인데, 구약에서는 종종 칼과 흉년과 질병을 사망의 방식으로 연결하여 사용하고 있다.

9절-11절

–다섯 번째 인을 뗄 때 나타나는 재앙은 이전의 것과는 다르게 말이 나타나지 않고 순교자("하나님의 말씀과 그들이 가진 증거로 말미암아 죽임을 당한")들의 영혼들이 등장하여 자신들의 억울한 죽음을 신원하여 주기를 호소하는 피맺힌 내용으로 되어 있다(10절).

-이는 마 23:33-38에서 주님께서 말씀하신 내용을 암시하는 것으로 복음을 거부하고 사역자를 죽음으로 내모는 이 악한 세상이 지금은 승리한 것으로 착각하고 잠시 동안 기쁨에 도취되어 있지만 반드시 "땅 위에서 흘린 의로운 피가 다 너희에게 돌아가리라"는 말씀과 같이 무서운 심판과 처절한 응징이 있을 것임을 보여주는 것으로 순교자들의 이런 피맺힌 호소에 주님은 신실한 자들에게 주시는 보상과 승리를 상징하는 '흰 두루마기'를 주시면서 순교자들의 수가 차기까지 잠시 쉬라고 하신다.(11절)

-다시 말하면 하나님의 섭리에 따라 주님의 남은 고난을 순교로 감당하는 자들의 수가 차기까지 최종심판은 유보되어 있다는 것임. 그러다가 마침내 순교자의 수가 차면 하나님께서 그들의 억울한 죽음과 피를 신원해주실 것인데 그 때는 무시무시한 심판이 죄악된 불신 세상을 향해 내려질 것임.

12절-17절

-여섯 번째 인을 뗄 때 나타나는 재앙은 소위 '일원성신(日月星辰)의 변화'로서 "진노의 큰 날" 즉, 주님 재림 직전에 나타날 재앙인데 마 24:29-30에서 주님이 말씀하신 것과 비교를 해보면 금방 알 수 있다. 즉, 주님 재림 전 인류의 마지막 날에 나타날 재앙이 분명하다.

-그 날에 땅의 임금들과 왕족들과 장군들과 부자들과 강한 자들과 모든 종과 자유인(모든 부류의 사람들, 즉 온 인류)이 공포에 사로잡힐 것이고 차라리 산들과 바위가 머리 위에 떨어져 하나님의 심판을 피할 수만 있다면 피해보려고 발버둥을 칠 정도로 큰 두

려움에 사로잡히게 될 것이라는 것이다.

-그 날은 온 인류가 하나님의 보좌와 어린양 앞에 서는 날이며, 자비의 날이 아니라 심판의 날이고, 천년을 하루 같이 참으시다가 마지막으로 폭발하는 진노의 날로서 이것을 감당할 존재가 없을 것이라는 것이다.

7장. 하나님의 인 맞은 자 144,000명

1절

-"이 일 후에"라는 것은 6장의 모든 사건들 후에 7장의 사건들이 전개된다는 것이 아니고 요한이 본 환상의 순서를 말하는 것임. 다시 말해서 시간 순(사건 순)이 아니라 요한이 본 환상 순인 것이다.('점진적 반복' 의 구조)

-그렇다면 7장의 하나님의 인을 이마에 치는 내용은 언제 이루어질 사건인가? 세대주의자들은 다니엘의 70이레 후 지상의 천년왕국에서 이루어진다고 하지만 이 7장의 사건은 땅에서 이루어질 사건으로 보기 힘든 것은 11절의 "모든 천사가 보좌와 장로들과 네 생물의 주위에 서 있다가 보좌 앞에 엎드려 얼굴을 대고 하나님께 경배"하는 장면을 보면, 보좌와 네 생물과 장로들은 하늘에 있는 것이므로(4장-5장) 땅의 장면이라고 생각할 수가 없게 된다.

-"네 천사가 땅 네 모퉁이에 섰다"고 했는데 여기서 네 모퉁이는 땅의 사방을 가리키는 표현, 즉 온 세계 전체를 가리키는 것이다.

-"붙잡다"란 뜻은 바람들이 불기 위해 애를 씀에도 불구하고 그것을 억제한다는 뜻으로 바람으로 하여금 각종 나무에 불지 못하게

한 것은 폭풍 전의 고요를 가리키는 것으로 심판의 맹렬한 폭풍 전에 하나님의 백성들을 인치기 위한 고요함을 보여주는 것이다. 네 바람은 구약 예언서에서 일반적으로 파괴 활동을 상징하는데 사용되는 것으로(렘 49:36-38) 네 바람이 붙잡힌 것은 하나님의 심판과 파괴와 징벌이 일시적으로 중지 된 것을 상징한다.

3절

-"인"(σφραγίς)이란 일반적으로 왕이 공식문서에 효력을 가할 때 사용하거나 자신의 재산을 표시할 때 사용하는 것으로 주로 가축이나 노예 등에 인을 찍었다.

-인은 확인하고 보호하기 위한 것으로 모든 재앙으로부터 하나님의 보호와 지키심이 영원한 효력을 발생함을 의미하는 것이다.

4절-9절

-요한이 인 맞은 자의 수를 들으니 이스라엘 각 지파에서 1만 2천 명씩 총 144,000명이었는데 얼른 보면 본문의 12지파는 이스라엘의 모든 지파의 수로 보인다. 그러나 9절의 "각 나라와 족속과 백성과 방언에서 아무도 능히 셀 수 없는 큰 무리"로 표현한 것과 각 지파의 명단에서 단 지파와 에브라임 지파가 빠진 것을 보면 육적인 이스라엘과는 아무 상관없는 모든 구원 받은 자의 무리를 가리키는 영적 이스라엘을 상징하는 것임을 알 수 있다.

-또 인 맞는 이스라엘 지파 전체의 수가 144,000명이라는 것은 12×12×1,000으로 이것은 구약의 12지파, 신약의 12사도, 그리고 많은 수를 상징하는 것임으로 이 역시도 실제적인 이스라엘

백성의 숫자이기 보다는 창세 이후로 모든 구원 받은 영적 이스라엘을 상징적으로 표현 한 것으로 보는 것이 타탕하다.

10절-17절

–본문의 144,000명은 최후의 구원에 동참할 자로서 천국에서 살아갈 모습을 미리 보여주고 있다. 다시 말해 7장에서 이미 최후의 지복(至福)상태인 20장의 완성된 천국의 모습이 미리 나오고 있는 것이다. 이것은 요한 계시록의 구조가 시간 순이 아니라 '점진적 반복' 의 구조로 이루어져 있는 것임을 보여주는 증거이다.

8장. 일곱 번째 인(첫 번째 나팔재앙-네 번째 나팔 재앙)

1-2절

–"일곱째 인"이란 그 다음에 나오는 일곱 나팔 재앙의 시작을 의미한다. 즉, 일곱 나팔의 재앙이 일곱 번째 인 재앙의 내용이다. 그런데 1절에 보면 하늘이 "반 시간쯤" 고요해졌다고 했다. 우리는 그 반 시간이 얼마쯤 되는 상징의 기간인지 알 수 없으나 하나님이 우리가 회개하기를 기다리는 시간인 것이다. 따라서 이 기간은 긴 시간이 아닌 짧은 기간을 의미한다. 하나님 앞에 시위한 일곱 천사란 하늘의 일곱 천사장으로 보이는데 이들이 나팔을 받음으로 재앙이 시작된다.

3절-14절

3절에 일곱 천사 외에 "또 다른 천사"가 있다고 했다. 이것은 중

보자 되신 그리스도를 의미한다. 구약에 보면 성육신 하시기 전에 나타나시는 그리스도의 모습을 "여호와의 천사"로 묘사하고 있다. 그래서 아브라함과 대화한 천사나 야곱과 씨름한 천사나 모세와 여호수아를 만난 천사로 묘사되고 있는 것이다. 더욱이 이 본문의 "다른 천사"는 그 역할이 중보자로서의 역할이기 때문에 의심할 나위 없이 그리스도임에 틀림이 없다.

–그러면 여기서 "금 향로"는 무엇인가? 그것은 그리스도의 사죄의 공로를 말한다. 이것이 성도의 기도와 합하여 하나님께 상달될 때 이루어지는 것이다. 다시 말하면 그리스도의 공로는 성도의 기도를 상달케 하는 불병거인 것이다.

5절에 향로에 불을 받아 땅에 쏟았다고 하는 것은 향로에 담은 성도들의 기도를 보좌에 올리고 그 기도의 응답으로 심판의 불을 받아 땅에 쏟았다는 것이다. 그리고 "우레와 음성과 번개와 지진"이란 하나님의 진노와 위엄의 표시로서 심판의 준비가 완료되었음을 말한다.

7절(첫 번째 나팔 재앙)

–여기서 부는 나팔은 모두 전쟁 때 부는 나팔로서 임박한 위험을 알리는 신호이다. 첫째 나팔의 재앙은 땅의 심판으로 애굽에 임했던 일곱 번째 재앙과 비슷하다(출 9:23–25). 다만 차이가 있다면 애굽에 내린 재앙은 이스라엘 백성을 구원하려는데 있는 반면 여기서는 심판하려는데 그 목적이 있는 것이다. 그리고 계시록에는 피 섞인 우박과 불을 이야기하고 있는데 이것은 우박에 맞아 피를 흘리면서 이를 피하려할 때 불이 나서 사람을 태우는

광경을 묘사한 것이다. 여기서 땅이란 죄악 된 세상을 의미하고 수목이란 권세있는 자(20:19)를 말한다. 땅과 수목의 1/3이 불에 사위어 탄다고 했다.

8절-9절(두 번째 나팔 재앙)

–두 번째 재앙으로 바다의 심판이다. 출애굽기에 나타난 첫 번째 재앙과 비슷한데 불붙는 산이 바다에 침몰한다고 했는데 이는 큰 군함이나 항공모함같은 것들이 포탄에 맞아 침몰할 때의 모습과 비슷하다. 그런데 놀라운 것은 바다의 생물의 1/3이 죽는다고 했다. 이것은 노아의 심판 때 보다 더 심한 것임을 보여준다. 노아의 심판 때는 바다 생물들에게는 피해가 없었기 때문이다. 아무튼 이 예언은 구약 호 4:3, 습 1:2-3에도 비슷하게 예언되어 있다.

10절-11절(세 번째 나팔 재앙)

–물의 심판이다. 다시 말하면 교역자 및 지도자들이 타락하여 생수를 주지 못하고 독이 있는 물(비진리)을 먹여 사람들의 영혼을 죽게하는 것을 말한다. 여기서 "쑥"이란 우리가 아는 그런 쑥을 의미하는 것이 아니고 "독초"를 의미하는 것으로 우상숭배나 재난과 불의 등을 의미한다. 그러나 이것은 문자적인 해석도 가능해서 현대의 심각한 문제 중 하나인 물 공해는 자연을 파괴한 인간에 대한 하나님의 심판이기 때문이다. 그래서 바다가 공장의 폐수와 도시들의 오염된 폐수에 의해 점점 죽어가는 것을 의미한다고 볼 수도 있을 것이다.

12절-13절(네 번째 나팔 재앙)

–천체의 심판을 의미한다. 성경에는 천체에 대한 심판을 여러 군데 이야기하고 있다(렘 4:23–28, 겔 37:7–8, 욜 2:10, 암 5:20). 주님도 마 24:29에서 이 네 번째 나팔 재앙의 징조를 이야기하셨다. 그러나 여기서는 그 이상의 의미로도 이해할 수 있는데 곧 영적 암흑시대로서 도덕이 땅에 떨어지고 무자비하며 인륜이 무시되고 타락하는 시대를 의미하기도 한다.

–이러한 네 번째 나팔 재앙이 있고 난 후 독수리가 앞으로 세 가지 재앙이 더 있을 것을 예언하고 있다. 9장에 가면 나팔재앙의 나머지 세 가지가 나타난다.

9장. 다섯 번째 나팔 재앙 - 여섯 번째 나팔 재앙

1절-2절

–8장 마지막 절에서 독수리가 세 번 화가 있으리라고 한 것은 앞으로 남은 세 가지 화를 두고 말한 것이다. 다섯 번째 재앙은 영적 재앙인데 1절의 떨어진 별은 곧 사단이다(사14:12–17, 눅 10:18, 겔 28:13, 17). 여기서 놀라운 것은 이 사단이 무저갱의 열쇠를 받았다는 것이다. 무저갱이란 사단의 임시 처소로써 한번 들어가면 다시 나오지 못하는 지옥(불못)과는 다른 곳이다. 사단은 여기서 열쇠를 받았다고 했으니 제한된 권한을 가졌다는 것이다.

–이 사단이 무저갱의 뚜껑을 여니 큰 풀무의 연기같은 것이 올라왔다고 했는데 이것은 사단의 활동을 의미한다. 살후 2:7에도 불법이 이미 활동하였다고 했고 딤전 4:1에도 후에 어떤 사람들이

믿음에서 떠나 미혹케 하는 영과 귀신의 가르침을 좇으리라고 했다. 그러면 이런 사단의 활동으로 어떠한 사상적 혼란이 일어날 것인가? 그것은 바로 뒤따라오는 황충의 모양에서 잘나타난다.

3절-6절

–황충이란 메뚜기의 일종인데 출애굽기 10:14에 나타난 것과는 다르다. 출애굽 시에 나타난 것은 문자적 의미의 황충이고 여기서 말하는 것은 상징적 의미의 황충이다.

–그러면 여기에 나타난 황충이란 무엇인가? 한 마디로 말해서 이단 사상들이다. 이단 사상에는 자유주의 그리고 신비주의(통일교, 박태선, 구원파, 베뢰아 등등) 그리고 무신론 등이 있다. 그런데 이들은 모두가 기독교의 형태를 가졌으나 인본주의를 추구한다.

–첫째, 황충은 전갈의 권세를 받았다. 전갈은 가재와 비슷하게 생긴 것인데 꼬리가 좀 길고 그 꼬리에 독침을 갖고 있어 사람을 쏘는데 매우 심하여 사람을 죽게 한다. 구약에서는 흔히 전갈을 사람을 징계하는 곤충으로 설명한다(왕상 12:11–14).

–둘째, 둘째 황충은 땅의 풀과 수목은 해하지 못하고 오직 이마에 하나님의 인 맞지 아니한 사람만 해한다고 했다.

–셋째, 그러나 죽이지는 못하고 5달 동안 괴롭히기만 한다고 했다. 여기서 다섯이란 완전 수인 10의 반이므로 짧은 기간을 의미한다. 따라서 사탄의 활동으로 볼 수 있는 공산주의나 각종 이단들과 자유주의의 횡포와 방해는 영원히 계속되지 않고 잠정적인 영향을 주는 것일 뿐이다. 실제로 공산주의는 소련의 몰락으로

이제 이 지구상에서 그 자취를 감추고 있다.

7절-12절 황충의 모습

여기서 총 9가지로 황충의 모양을 묘사하고 있다.

· "전쟁을 위해 준비한 말" – 말은 빨라서 운동 경기나 전쟁에 사용하는 동물인데 예비(훈련시켜 에비한다는 뜻)했다고 얼마나 빠르겠는가? 즉 이단들이 신속하게 번져가고 인기를 누리는 것을 의미한다.

· "금 같은 관"을 씀 – 면류관은 원래 승리자가 쓰는 것인데 이 비슷한 것을 썼으니 일시적으로 승리를 한다는 것을 의미한다.

· "사람의 얼굴" – 사람이란 지혜를 뜻하는 것이므로 이단 사상이 얼마나 세속적으로 악한 일에 지혜로운가를 보여준다.

· "여자의 머리털" – 여자에게 머리털은 미의 상징인데 이것은 이단 사상의 매력성을 의미한다.

· "사자의 이빨" – 사자의 이빨은 흉폭성 또는 침투력을 의미한다.

· "호심경" 같은 흉갑–이것은 강한 정복력

· "날개들의 소리"가 마치 병거와 많은 말들이 전쟁터으로 달려가는 것 같음 – 이것은 이단 사상의 대중적인 인기를 얻음을 말한다.

· "전갈과 같은 꼬리" – 전갈의 꼬리는 독성과 간교성을 말한다.

· 무저갱의 사자를 임금으로 삼고 있음 – 즉 사단을 임금으로 삼고 있음 –그러므로 온갖 이단 사상과 자유주의 사상과 공산주의는 다 사단을 그 근원으로 두고 있는 사상들이다. 그리고 이 악한 사상은 서로 서로 연관이 되었다. 그리고 사단의 별명이 히브리 음으로 "아바돈"이고 헬라 음으로는 "아불루온"이라고 했는데 그 뜻은

'파괴자' 이다.

13절-21절 여섯 번째 나팔 재앙

–여기에 나오는 재앙은 물질적인 재앙으로서 14절에 네 천사를 놓아준다고 했는데 이는 곧 싸움에 참여하게 될 네 나라를 의미한다. 그러므로 말세에 일어날 큰 전쟁에 참여할 많은 나라 중 대표적인 나라들이다. 그리고 그 전쟁지를 유브라데로 말하고 있다. 이 곳이 바로 에덴이 있던 곳으로 첫번째 하나님께 대한 죄를 지은 곳이요, 첫 번 째 살인이 일어난 곳이며, 첫 무덤을 판 곳이며, 거짓 종교를 만들고 바벨탑을 쌓은 곳이기도 하다. 이런 곳에서 세상을 멸망할 재앙의 전쟁이 일어난다고 한다.

–그러며 이 전쟁은 언제 일어나는가? 본문에는 "그 년, 월, 일, 시"(15절)라고만 밝혀져 있어 정확한 시기는 알 수 없지만 분명한 것은 그 때가 이미 작정된 때라는 것이다. 이때 죽는 사람은 전체 인구의 1/3이라고 했고 이때 동원된 군대의 수도 이만 만이라고 했으니 즉 이 억이다. 그러므로 무수한 수가 동원됨을 알 수 있으므로 얼마나 큰 전쟁인지 알 수 있다.

–17–19절은 마병의 모양으로 "불빛과 자주빛과 유황빛 호심경"이란 불과 유황에 의한 살육을 의미한다. 또 말들의 머리는 사자 머리 같다고 했는데 그것은 무기의 가공성을 의미하는 것이다. 그 입에서 불과 연기와 유황이 나온다고 했는데 이것은 꼭 비행기와 탱크 그리고 군함들이 포격하는 모습들과 비슷하다.

–그리고 19절에 "말들의 힘은 그 입과 꼬리에 있다"고 했는데 입이란 전투력, 꼬리란 거짓 선전을 말한다. 모든 이단 사상은 언제

나 이 두 가지를 가지는 것이다. 한편으로는 폭력을 휘두르면서 또 한편으로는 거짓 선전이 바로 그것이다. 이것은 공산주의자들의 모습에서 확실히 볼수 있는데 심지어 자유주의자들까지도 공산주의자들과 손을 잡고 무기 자금을 대주어 교회를 파괴하고 사람을 죽이게 하는 것이다.

-그런데 놀라운 것은 20절-21절의 생존자들의 태도이다. 그들은 우상을 섬길 뿐 아니라 회개치 않는다고 했는데 이들은 여전히 살인과 음행과 도적질과 복술을 회개치 아니한다고 했다. 이것은 6계명부터 8계명까지에다 복술을 합친 것이다. 그러므로 우상 숭배자들이 가장 좋아하는 것이 바로 살인, 음행, 도적질과 복술(약과 독을 사용하는 것)이다.

10장. 보충 계시(일곱 우레)

첫 번째 보충 계시는 7장으로 여섯째 인 재앙과 일곱째 인 재앙 사이에 나타났고 두 번째 보충계시는 10장으로 여섯째 나팔 재앙과 일곱째 나팔 재앙 사이에서 나타난다.

여기서 보충계시를 주는 이유는 일곱째 나팔 재앙에 앞서 땅위에 고난당하는 성도들을 위로와 격려를 하기 위해서 일뿐 아니라 하나님이 최후의 승리를 하실 것을 기억하게 하기 위해서다.

1절

-"힘센 천사"란 그리스도 자신이다. 여기서 묘사된 모습은 1장이 그리스도의 모양과 거의 일치한다. 그는 구름을 입었다고 하는

데 이 구름은 이사야가 본 것과 같은 영광스런 구름과 같다. 머리 위에 무지개가 있다고 하는데 계4:3의 하나님의 보좌에 둘린 무지개를 연상한다. 얼굴이 해 같다는 것은 말 4:2의 "의로운 해가 떠올라서 치료하는 광선을 발하리니"말씀 처럼 빛난다는 것이다. 끝으로 "그 발은 불기둥" 같다고 한다. 이상의 모든 모습은 그리스도의 재림의 모습을 말하고 있는 것이다.

2절

–이 주님이 바다와 땅을 밟고 있다고 한다. 즉 온 세계를 지배하는 모습을 보여준다. 그런데 그의 손에는 "작은 두루마리를 들고있다"고 한다. 그러면 이 작은 두루마리는 무슨 책인가? 그것은 바로 성경이다. 성경은 불경이나 탈무드 등의 이방 종교의 교리서보다는 부피가 대단히 작다. 그러나 그 속에는 신비로운 진리가 다 기록되어 있다.

3절

–이때 "일곱 우레"가 들렸다고 한다. 성경은 우레를 심판을 명하시는 하나님의 음성으로 묘사하고 있다. 시 29편에서는 일곱 우레가 잘 묘사되고 있는데 우레로 인한 7가지 결과를 말해준다.

4절

–우레 소리를 듣자 요한은 기록하려 했으나 기록하지 말고 인봉해 두라는 말씀이 들려왔다. 마치 단 12:4절처럼 인봉해 두라고 했으니 우리는 그 내용을 알 수가 없다.

5절-7절

-천사가 "오른손을 들고" 맹세했다고 한다. 오른 손을 들고 하는 맹세는 가끔 구약에 나오는데 그 의미는 변치 아니함을 뜻한다. 그 맹세의 내용은 6-7절의 말씀에 기록된 것이다. 그러면 도대체 "하나님의 그 비밀"은 무엇일까? 그것은 구약의 선지자들을 통하여 예수 그리스도에 관해서 나타날 구원의 비밀을 말한다. 그런데 이 비밀은 신약시대에 와서 모든 사람에게 공포되어야 할 말씀이다.

8절-11절

-하늘에서 들리는 음성의 소리는 그리스도의 손에 있는 "두루마리"를 가지라는 것과 "갖다 먹어라"는 것이었다. 여기서 책을 먹는다는 것은 하나님의 말씀을 소화시켜 그 말씀에 젖어버린다는 것이다. 성경은 하나님의 말씀을 음식으로 비유하고 있다. 마치 육체적 음식이 우리 몸에 영향을 주듯이 영의 양식인 말씀이 영혼을 기름지게 한다는 것이다. 이것은 마4:4에서 "사람이 떡으로만 살 것이 아니요 하나님의 입에서 나오는 모든 말씀으로 살 것이니라"는 예수님의 교훈이기도 하다.

-그런데 그 책을 먹은 결과가 2가지로 나타났는데 입에는 꿀과 같이 달았는데 배에는 썼다고 하는데 무슨 뜻일까? 여기서 하나님의 말씀은 양날을 가진 검과도 같은 것을 알 수 있는 것이다.

-이 책을 먹은 자들의 사명은 무엇인가? 11절에 보면 4중적 표현을 통해 전 세계에 복음 전도를 해서 한 사람이라도 더 구원하시려는 하나님의 심정을 보여준다.

11장. 두 증인과 일곱째 나팔

1-3절

–여기에 나타나는 "두 증인"은 13장에 나오는 사단의 두 짐승과 대조적이다. 먼저 요한은 성전과 제단과 경배자를 측량하라는 명을 받는다. 예루살렘 성전은 역사상 3번 건축되었는데 첫째는 솔로몬(바벨론의 느부갓네살에 의해 파괴)때 세워졌고, 두번째는 스룹바벨에 의해(주전 168년 안티오커스 에페파네스에 의해 파괴)세워졌으며 세번째 성전은 헤롯 왕에 의해 세워졌는데 주후 70년에 로마의 디도 장군에 의해 예루살렘이 함락될 때 파괴되었다. 현재 그 자리에는 이슬람 사원이 세워져 있는데 그 사원의 이름을 오말의 사원(Mosque of Omar)으로 부른다.

–그런데 1절에 보면 "성전과 제단과 그 안에서 경배하는 자들을 측량"한다는 것이 무엇인가? 세대주의자들은 장차 이 자리에 성전을 다시 건축한다고 한다. 만약 세대주의자들 말처럼 유대인들이 이곳에 성전을 다시 건축한다고 해도 그것은 우리 기독교와는 아무 상관이 없는 것이다.

–이 구절을 자세히 보면 어떤 상징으로 사용되었는데 그 의미는 교회 즉 신약의 교회를 측량하는 것의 상징으로 보는 것이 전후 문맥상 가장 자연스럽다. 그리고 2절에 보면 "성전 바깥 마당"은 측량하지 말라고 하였는데 예루살렘 성전에서 성전 바깥 마당이란 '이방인의 뜰' 이라는 곳으로 이방인들이 출입하는 장소였다. 이 장소를 이방인(불신자, 비택자)에게 주어 "마흔두 달 동안" 짓

밟을 것이라고 기록하고 있다. 여기서 '칠년 대환란' 이라는 중요한 개념이 나온다고 세대주의자들은 강력히 주장을 하는데 사실 여기에 나타난 마흔두 달은 교회가 존재하는 종말이 오기 전까지의 전 기간 동안이며 교회가 박해와 핍박받는 기간을 의미한다. 그리고 성경 어디에도 '칠년 대환란' 이란 말은 존재하지 않는다. 이와 동일한 기간으로 13:5절에도 마흔 두 달이 나오고 11:3절에 나오는 천이백육십 일(1,260일)과 11절의 삼일 반도 모두 같은 기간을 의미하는 것이다. 그러므로 마흔두 달과 1,260일을 더해서 칠(7) 년을 만들 수는 절대 없고 삼일 반, 삼일 반을 더해서 칠(7)이라는 숫자를 만드는 것은 더욱 안되는 것인데도 불구하고 세대주의자들은 두 수를 자기 마음대로 더하여 성경에 없는 '칠년 대환란' 이라는 용어를 만들어 냈다. 그래서 불신자들로 인한 핍박이 계속되는 기간 동안인 1,260일을 하나님이 세우신 두 증인이 계속 하는 일은 예언을 하는 것이다. 그러면 이 두 증인은 누구인가? 이 두 증인은 개인으로 보기보다는 신약과 구약의 교회를 의미하는 것으로 보는 것이 더 자연스럽다. 그런데 두 증인은 굵은 베옷을 입고 예언을 한다고 했는데 굵은 베옷은 참 교회가 가지는 회개의 표시이다. 그리고 여기서 감람나무는 성령의 기름을 상징하고 촛대는 빛을 발하는 복음을 말하는 것으로 참된 신,구약 교회의 특성을 의미하는 것이다.

-그런데 두 증인 즉 두 신,구약 교회의 권능이 이를 해하고자 하는 원수에게 3가지로 나타나는데

1. 입에서 불이 나와 소멸함-이것은 심판과 정죄의 불이 예레미야 입을 통해 나와서 원수를 태운 것 처럼(렘 5:14) 오늘날도

교회가 하나님의 능력으로 악한 자를 정죄하면 그는 멸망의 길로 가게되는 것이다(마 18:18).

2. 비가 오지 못하게－이것은 구약의 엘리야가 아합 왕과 싸울 때 비 오지 않게 기도한즉 3년 6개월 동안 비가 내리지 않았던 것 같이 성도의 기도에 대한 응답이 능력 있게 나타날 것을 의미하는 것이다.
3. 물이 변하여 피－이것은 모세가 출애굽 시에 이스라엘을 구원할 때 나타낸 기적인데 참 교회는 한 영혼을 구원하는 자리에서 많은 이적을 나타낸다. 우리는 그런 예를 지금도 많이 경험하고 있다.

이 두 증인이 무저갱으로부터 올라오는 짐승에 의해 죽임을 당하는데 이는 교회에 대한 사단의 핍박이 극에 달할 것을 의미한다. 그 순교의 장소가 소돔 혹은 애굽이라고 한다고 하는데 소돔은 음란의 중심지, 애굽이란 우상의 중심지인데 여기가 바로 예수님이 십자가 못 박히신 곳이라고 성경은 기록하고 있으니 예수를 못박아 죽인 음란하고 우상을 숭배하는 불신앙이 말세에도 여전히 재현되어 나타나 예수님이 피로 값 주고 사신 교회를 박해하고 없앤다는 것이다.

이러한 현상은 오늘날 중국이나 북한 같은 곳에서 부분적이긴 하지만 이미 나타나고 있는 현상이기도 하며 오늘날 우리 주변의 교회들도 실상 존재하기는 하지만 음란과 사악한 우상을 숭배하는 불신들에 의해 많은 핍박을 받고 있다.

－그리고 마지막 날이 되기 전 모든 기간인 삼일 반 동안 교회가 핍박 받고 멸시 받는 것을 기뻐한다고 10절에 기록해놓고 있다. 이

것은 세상의 악을 폭로하고 지적하던 교회가 없어졌음을 기뻐하는 모습이다. 그러나 마흔두달, 1,260일, 삼일 반과 같은 핍박의 기간이 지나면 우리 주님께서 오셔서 신, 구약 교회 성도들을 부활시키시고 기쁨과 승리의 모습으로 천국으로 인도하는 모습이 11절에 기록되어 있다. 교회를 핍박하는 불신자들에게는 큰 피해가 주어지는 데 성 십분의 일이 무너지고 지진에 7,000명이 죽는다고 했으니 7은 완전 숫자요 1,000은 많은 숫자를 의미하니 불신자들이 지옥의 유황불과 같은 형벌로 당하는 큰 피해를 의미한다.

14절-19절

일곱째 나팔을 가진 천사가 나팔을 불어 드디어 일곱째 나팔의 재앙이 시작되기는 하나 본격적인 재앙은 16장에서 나오고 여기서는 그 서론만 소개가 된다. 그런데 7째 나팔소리와 함께 찬양소리가 들려 왔다(15절). 이 구절은 헨델이 그의 유명한 메시야의 할렐루야 합창곡의 한 구절로 택해져서 더욱 유명하게 된 구절이다.

–다음으로 이십 사 장로들(신, 구약 교회의 대표)의 찬송이 뒤 따르는데 그 찬송의 내용은 3가지이다.

1. 죽은 자를 심판
2. 성도들에게 상주시는 일
3. 땅을 망하게 하는 자들을 멸망

19절

–마지막 19절은 12장의 서론이다. 여기서 우리는 구약의 성막 제도가 곧 천국에 있는 성전의 모형임을 알게 된다(히 9:23). 이 성

전에는 하나님이 그 백성에게 언약을 충실히 지킬 것을 보증하는 언약궤요 또 하나는 무서운 심판이 준비된 것을 보여주는 번개와 음성들과 우레와 지진과 큰 우박이 있다고 했다.

12장. 용과 여자

1절-2절 한 여자

–만국을 다스릴 자를 낳은 여자는 마리아인가?(17절을 보면 "하나님의 계명을 지키며 예수의 증거를 가진 자들"의 어머니라고 했으니까 곧 교회를 가리키는 말)

–해를 옷 입고, 달을 발 아래, 머리에 열 두 별의 관(해는 찬란한 영광과 위엄, 달은 천상적인 영광, 열 두 별의 관은 신구약 교회의 왕적인 영광을 상징)

–아이를 배어 해산의 고통 중에 부르짖음(2절)

3절 "큰 붉은 용"

–머리는 일곱, 뿔이 열, 일곱 왕관(여기서 용은 누구인가? 9절을 보면 큰 용 = 옛 뱀 = 마귀(사단) 이라고 설명하고 있다.)

–머리 일곱 : 용이 행사하는 엄청난 권력과 능력을 상징적으로 보여 줌,

–뿔이 열 : 사단의 강성한 권력을 보여 줌, 용이 크다는 것도 엄청난 권력을 지닌 존재임을 보여주고,

–붉은 것 : 성도들과 예수님의 증인들의 피 흘리는데 혈안되어 있음을 보여 줌

4절

꼬리로 하늘의 별 1/3을 끌어다가 땅에 던짐

여자가 해산하면 아이를 삼키려고 함

5절-6절 여자가 낳은 아들

-"장차 철장으로 만국을 다스릴 남자"(예수님을 가리킴, 2:27 참조)

-"하나님 앞과 보좌 앞으로 올라감"(헤롯이 아기 예수님을 죽이려고 한 것뿐만 아니라 예수님의 생애 전체에 걸쳐 사단이 예수님을 공격했지만 그 모든 시도는 실패로 끝나고 예수님은 하늘로 승천. 승리를 암시)

-여자는 광야로 도망하여 1,260일 동안 하나님이 예비한 곳에서 양육을 받음

7절 하늘에서의 미가엘과 사단의 전쟁

-미가엘과 사단이 싸우는 이 전쟁은 언제 일어난 전쟁인가?(사단이 최초로 땅으로 내어 쫓기던 원초전인가? 아니면 세상 마지막 날에 있을 종말전인가? 본문이 힌트를 준다.(11절 "어린 양의 피가 이겼다") 구속 역사 속에서 사단에 대한 예수님의 승리는 십자가에서 흘린 피를 통해서이다. 승리는 이렇게 예수님을 통해서 온 것이지만 미가엘을 대행자로 등장시켜 마귀와 싸우는 자로 묘사한 것.)

- 하늘 전쟁의 실패로 사단이 그 부하들과 쫓겨남

- 이런 그리스도의 승리로 인해 "우리 형제들"(순교자)도 사단과의 싸움에서 이김(10절-11절)

– (그러므로 우리가 사단을 이기는 비결은 1. 그리스도의 피 2. 그 피의 구원적 능력을 선포하는 말씀 3. 생명을 아끼지 않는 헌신이다. 그러므로 그리스도의 피를 증언하며 순교하는 것은 실패가 아니라 진정한 승리이다! 편하게 믿는 것이 복음의 기쁨인 것인 양 생각하는 잘못된 믿음에 경종을 울리고 있다)

13절 - 17절 사단의 공격

– 패전으로 쫓겨난 사단은 땅의 교회를 집중 공격(13절)

– 여자는 하나님의 섭리로 한 때, 두 때, 반 때를 양육 받음(14절) (독수리의 두 날개는 하나님의 보호를 상징)

– 뱀이 입으로 물을 강같이 토함(15절) (온갖 수단으로 사단이 교회를 파멸시키려는 환란을 상징)

– 땅이 입을 벌려 용의 입에서 토한 강물을 삼킴(16절) (사단이 어떤 공격을 가해도 하나님이 교회를 궁극적으로 보호하심을 상징)

–용이 여자가 낳은 자손(곧 하나님의 계명을 지키며, 예수의 증거를 가진 자들 = 교회)과 더불어 싸우려 함(17절) 메시야와의 전쟁에서 패배한 사단은 격분해서 지상의 성도들과 교회를 더욱 더 박해하고 핍박하는 일에 박차를 가함.

13장. 두 짐승

13장에는 바다와 땅에서 올라오는 두 마리의 짐승이 나오는데 이는 사단의 짐승이다.

먼저 바다에서 올라온 짐승의 모습을 살펴보자.

1절 바다에서 나온 짐승

· 뿔이 10

· 머리 7

· 발은 곰

· 몸은 표범

· 입은 사자

–이런 모습을 한 짐승은 이 세상에 없다. 그러므로 이는 상징이다. 명백하게 상징이다. 이 짐승은 한마디로 7머리 10뿔을 가진 짐승인데 이는 각 시대마다 나타난 적그리스도(국가)를 상징하는 동물인 것이다. 그런데 용이 이 짐승에게 권세를 주어 숭배 받도록 한다고 했다.(4절) 이 용은 실재하는 동물이 아니고 신격화된 상징적인 동물인데 12:9절을 보면 이 용이 누구인지 알 수가 있다(마귀 사단이 곧 용). 그래서 첫째 짐승이 하는 일은 5절 이하에 나온다.

5절

–큰 말과 참람된 말하는 입을 받았다고 했는데 이는 하나님의 권능과 위엄을 훼방하는 모든 행위들을 의미한다. 그리고 42달 동안 일할 권세를 받았다고 했으니 주님이 심판하러 재림하실 때까지 계속 하나님의 교회와 성도를 방해할 권능을 가졌다는 뜻이다.

7절

–족속, 방언, 백성을 다스림 : 국가를 다스린다는 뜻 즉 로마, 히틀러, 천황, 북한의 김일성 등

11절 땅에서 나온 짐승

· 어린 양같은 두뿔

· 용처럼 말을 함

· 첫째 짐승의 모든 권세를 행하고

· 첫째 짐승을 숭배하게 함

–이것은 어린 양 되신 예수님과 유사해서(죽었다가 살아난 흉내를 내 보이는 것이다, 13절) 많은 사람들에게 내가 예수라고 미혹케 하는 고도의 사탄의 전술을 의미한다. 그리고 그도 역시 용처럼 말한다고 했으니 각종 능력을 행하여 진짜 예수처럼 보이게 만든다.

–이 두 짐승의 원형은 단 7장에 보면 나옴 이것의 각 부분을 따서 계13장의 짐승을 만들었다. 그래서 단 7장을 알면 계13장이 풀린다.

13절

–이 짐승들이 하는 일이 바로 하나님을 버리고 우상을 숭배케 하는 일이다.

15절

–그래서 짐승이 우상을 만들고 우상에게 생기를 주어 그것을 섬기

게 하는데 그것에 절하지 아니하는 사람을 모두 죽인다고 했다. 여기서 말하는 우상이란 사람이다. 그래서 히틀러, 천황, 김정은 등과 같은 사람들이 바로 살아있는 신으로 대접받고 추앙되는 것이다.

16절

–그 우상이 사람들에게 오른 손이나 이마에 표를 받게 한다고 했는데, 이 표는 7:4의 하나님의 인과 대조되는 것이다. 그러므로 이 표는 무슨 다른 표가 아니라 사탄의 지배와 사상으로 꽉 찬 것을 상징하는 것이지 실제적으로 눈에 보이는 어떤 표가 아니다.

17절-18절

이 표는 짐승의 이름이나 그 이름의 수인데 그 짐승의 수를 헤어보니 사람의 수인 666이라고 했다. 그러면 짐승의 이름 중에 666이라는 짐승이 있는가? 없으니 이는 분명히 하나의 상징이다. 13장 전체가 상징이다. 이것을 모르면 성경을 문자적으로 해석하여 이장림, 서달석 등과 같은 세대주의자가 되어버린다.

***13장이 문자적으로 해석해서는 않되는 이유**

1. 666표는 눈에 보이게 찍는 무슨 표 같은 것이 아니기 때문이다. 13장의 마지막 절이 끝나고 바로 그 다음 절인 14:1에 보면 구원 받은 144,000명도 이마에 어린양의 이름과 그 아버지의 이름을 쓴 것이 있다고 했는데 이 것이 하나님의 인을 맞은 것이다. 그러나 그 인은 우리 몸 어디에도 보이지 않고 있다.

이것은 상징적 의미로 하나님의 소유가 된 자라는 뜻이다. 이 하나님의 인과 반대되는 말이 짐승의 표이다.

2. 666을 문자적으로 믿으면 시한부 종말론에 빠진다. 시한부 종말론자들은 666을 아래와 같은 종말론의 구조 속에서 설명한다.

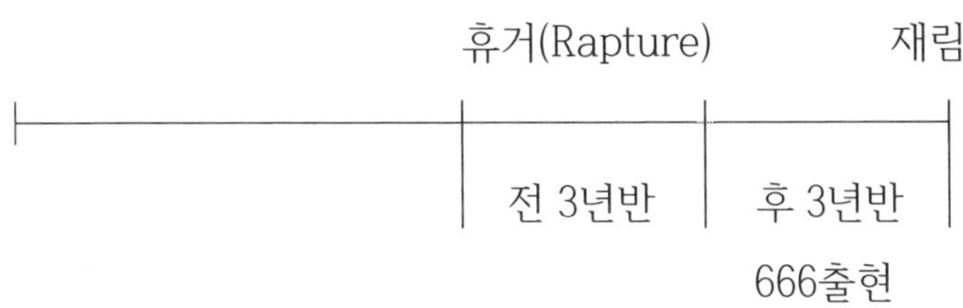

3. 666을 문자적으로 믿으면 기독교를 진실하게 이해할 수가 없다. 666을 주장하는 사람들은 한결같이 우리에게 666표를 지 말라고 전하고 있다. 그러면서 그 표를 받으면 마귀의 자식이 되어 영원히 구원 받지 못한다고 전한다. 그러나 이것은 기독교는 회개할수 있는 회개의 종교임을 무시하는 처사이다. 그러므로 666을 문자적으로 믿으면 회개가 개입할 여지가 없어지고 만다.

14장. 시온산에 선 144,000명

14장은 12장-13장과 같이 일곱 대접 재앙이 시작되기 전에 보여주는 보충계시로서 계시록을 크게 양분하는 경계선의 역할을 하는데 14장의 전반부는 교회의 승리와 성도의 구원을 취급했고 절

반은 세상의 심판과 경고에 대해 기록하고 있듯이 계 1장-13장까지는 교회와 성도에 관한 내용이고 15장-20장 까지는 세상 심판에 관한 내용이다.

1절-5절 시온산에 선 144,000명

-시온산은 성경에서 여러 의미로 사용되었는데 예루살렘 성, 지상교회, 천년왕국, 하늘 나라 등이다. 이중에서 오늘 본문에서 사용된 시온산의 의미는 주로 하늘 나라를 상징하는 것이다. 그러면 여기에 설 자는 누구인가? 이사야 35:9-10에는 "오직 구속함을 받은 자만" 선다고 했는데 오늘 본문에는 그 자격을 7가지로 말하고 있다.

① 그 이마에 어린양의 이름과 아버지의 이름이 기록된 자(1절)-이것은 7장의 인맞은 것과 동일한 것으로 성령의 인침을 받음으로 얻는 구원의 확신이다.

② 새 노래를 부르는 자(3절)-이것은 축복인 동시에 거듭난 자의 증표이다. 새노래란 시간적으로 새로운 노래가 아니라 하나님을 찬양하는 노래와 구원의 기쁨을 노래하는 노래이다.(홍해에서 구원받은 후, 바울과 실라의 노래 등)

③ 여자로 더럽히지 않은 자(4절)-천주교에서는 이 구절을 신부의 독신주의 옹호에 사용하나 이는 잘못된 것으로 그렇다면 결혼한 사람은 구원받지 못하는 것이 되므로 성경의 뜻과 전혀 다르게 되어버린다. 성경에는 교회를 여자로 비유한 곳도 많이 있는데 본문에서의 이 말은 신앙의 절개를 지킨 자로 보는 것이 타당할 것 같다.

④ 어린양이 어디로 인도하든지 따라가는 자(4절)-본문에서 어린양이란 예수님을 의미하는 것이다. 계시록에서 예수님을 양으로 비유한 것이 27번 나타나는데 속죄물 되시는 예수님을 의미한다.

⑤ 처음 익은 열매(4절)-본문에서 이것을 좀더 자세히 설명하여 구속을 받은 자라고 했다. 성도는 그리스도의 피로 말미암아 구속되어 죄의 종노릇을 벗어 던지게 되었다. 그뿐 아니라 처음 익은 열매로 표현한 것은 마지막 큰 추수가 앞으로 있게될 것을 암시한다.

⑥ 그 입에 거짓이 없는 자(5절)-이는 예수님이 그리스도임을 부인하는 자(요일 2:22절)를 말한다. 사실 거짓말은 마귀에게 속한 자의 특징이다. 왜냐하면 마귀는 거짓말장이기 때문이다.

⑦ 흠이 없는 자(5절)

6절-12절 말세 인류를 향한 천사의 3대 경고

-세 천사가 나타나 말세에 처한 인간들에게 3가지 큰 경고를 한다.

① 첫째 경고(6절-7절) : 영원한 복음을 믿고 하나님을 경외하라는 것이다. 여기서 "영원한 복음"이란 지금 우리가 가지고 있는 이 복음 외에 다른 복음이 있다는 것이 아니다. 복음은 오직 하나뿐이다. 다만 시대에 따라 복음이 '하나님 나라의 복음' 이나 '하나님의 은혜의 복음' 등으로 불리워지는 것을 의미한다. 여기서 복음이란 하나님만 우리의 경배의 대상이 된다는 말씀을 의미한다. 원래 사탄이란 천사장의 하나였는데 하나님

만 경배하는 것을 거부함으로 타락한 마귀가 된 것이다. 그러므로 하나님이 영원한 경배의 대상이 된다는 것은 창세 때부터 재림 시까지 계속될 복음인 것이다.

② 둘째 천사의 경고(8절) : 음행으로 인해 큰 성 바벨론 멸망을 경고하고 있다.

③ 셋째 천사의 경고(9절-12절) : 짐승과 그 우상에게 절하고 이마나 손에 표를 받은 자에게 임할 하나님의 진노가 경고로 기록되어 있다.

15장. 일곱 대접 재앙 서론

1절 크고 이상한 다른 이적

-여기에서 사용된 "이상한"이란 단어는 하나님과 하나님의 사역을 설명할 때 사용하는 단어(시 93:4, 마 21:42)로써 하나님에 대한 경외심을 유발하는 단어.

-이는 일곱 대접 재앙이 하나님으로부터 내리는 재앙임을 암시하는 역할.

2절 유리 바다 찬양

-승리한 자들이 부르는 노래(짐승과 그 우상과 그의 이름의 수를 이기고 벗어난 자들이 부르는 노래)

3절-4절 유리바다 위의 찬양

-유리바다 위의 찬양은 출애굽 시의 '모세의 노래'와 매우 유사

(시 90편).

–일곱 대접 재앙은 애굽에 내린 열 가지 재앙 중에서 다섯 가지 재앙과 유사하고

–성전의 연기(하나님의 영광과 임재를 상징)는 모세가 시내 산에서 율법을 받을 때의 장면과 유사.

–일곱 대접 재앙과 출애굽 시의 열 가지 재앙은 모두 하나님이 세상을 처벌하시고, 하나님의 백성을 약속된 축복으로 인도하시는데 있음.

–15장의 "유리 바다" 위의 찬양은 하나님의 진노로 마지막 재앙(16장의 일곱 대접 재앙)을 보여주기 전에 하나님의 백성을 위로하시는 내용.

–그 위로가 바로 "유리 바다" 위의 찬양으로 "유리 바다"는 이미 4장에서 하늘 보좌를 보여줄 때 언급한 것으로 7절의 "네 생물"만 보아도 그 하늘 보좌의 "유리 바다"와 동일한 것임을 알 수가 있다.

–"유리 바다"는 하나님이 영광과 위엄을 상징하는데 "불이 섞인 유리바다"라고 한 것은 일곱 대접 재앙이 곧 쏟아질 것을 암시하는 것.

–"유리 바다" 위의 찬양은 "짐승과 그의 우상과 그의 이름의 수"를 이기고 벗어난 자들이 하는 것. 여기서 "이겼다"는 것은 짐승을 경배하고 그 짐승의 표를 받으라는 위협과 박해를 생명을 걸고 이겼다는 뜻. 이들은 모두 새로운 홍해를 건넌 하나님의 백성으로 그 홍해는 바로 16장에 나올 대접 재앙으로 모든 하나님의 대적들을 삼킬 것이다.

–찬양의 도구 : 하나님의 거문고를 가지고 찬양을 하는데 거문고는 하나님을 섬기는데 바쳐진 악기로(대상 16:42) 네 생물과 24장로들도 사용한 것이고(5:8) 시온 산의 140,000명도 사용한 것(14:2)으로 이 장면은 어느 시대건 환란과 고통 속에 있는 모든 신자들에게 큰 확신과 인내를 주는 장면. 우리에게는 이 세상의 어떤 고난과 핍박도 이겨낼 수 있는 길이 있기 때문.

–찬양의 제목 : 모세의 노래, 곧 어린양의 노래라고 하였는데 이는 곧 출 15장에서 애굽의 군대를 홍해에 수장하고 구원받은 사건을 배경으로 하는데 이는 두 사건이 모두 승리의 노래이고, 유월절 어린양의 노래이다.

5절-8절 일곱 대접 재앙 준비

–"하늘에 증거 장막의 성전이 열리며"라는 이 말씀은 일곱 대접 재앙의 원천이 하나님의 성전임을 밝힘. "증거 장막의 성전"이라는 것은 거기에 하나님의 율법이 있다는 것을 의미하고 땅에 거하는 자들이 그 율법을 어기고 하나님을 반역했기 때문에 하나님은 그 율법에 따라 세상 사람들을 심판하신다는 의미.

–성전이 "열린다"는 것은 일곱 대접을 가진 일곱 천사가 성전에서 나가서 그것을 땅에 쏟기 위한 것

–일곱 대접을 받은 천사들의 모습 ; "맑고 빛난 세마포 옷과 금띠"를 띠었는데 이는 구약의 제사장의 모습(천사들은 하나님을 섬기는 사역을 하고 있기 때문에 성전에서 하나님을 섬긴 구약의 제사장들과 같은 모습을 하고 있는 것).

–"일곱 재앙이 마치기까지는 성전에 능히 들어갈 자가 없더라"고

되어 있는데 이것은 일곱 천사의 손에 일곱 대접이 전달된 다음 하늘 성전이 하나님 외에 아무도 접근 할 수 없는 경외심을 유발하는 분위기로 바뀐 것을 의미.

–"영광과 능력"은 일곱 대접을 땅에 쏟을 때 구체적으로 드러날 영광과 능력을 의미하는 것.

16장. 일곱 대접 재앙

성부 하나님의 오른 손에 있는 칠중 인봉된 책을 개봉하는 일곱 인 재앙은 인간 파괴에 초점을, 하나님이 심판을 경고하는 일곱나팔 재앙은 환경 파괴에 초점을 맞추나 일곱 대접 재앙은 하나도 남김 없이 쏟아 붓는다는 의미로 사용되며, 특히 하나님의 진노를 마감한다는 의미에서 전체적인 재앙이며 진노의 절정을 이룬다.(물론 예외는 있어서 하나님을 믿는 자들에게는 이 재앙이 비켜감. 2절)

1절-9절 첫 번째 대접 재앙–네 번째 대접 재앙

1절 "큰 음성"

–"너희는 가서 하나님의 진노의 일곱 대접을 땅에 쏟으라"는 명령을 보면 하나님이 음성이기보다는 천사의 음성임을 알 수가 있다. 큰 음성인 이유는 크게 태움(9절), 큰 강 유브라데(12절), 하나님의 큰 날(14절), 큰 지진(18절), 큰 도성(19절), 큰 바벨론(19절), 큰 우박(21절), 지극히 큰 재앙(21절) 등과 연관된 것으로 곧 시작될 7대접 재앙이 최후의 큰 진노임을 암시하는 것.

2절 첫 번째 대접 재앙(땅에 쏟음)

–사람들이 "악하고 독한 종기"로 고통을 받는데 이는 고름이 나고 문드러지되 치료되지 않는 악성 종양을 의미한다.

3절 두 번째 대접 재앙(바다에 쏟음)

–바다가 "죽은 자의 피"같이 됨. 이것은 바닷물이 부패해서 악취가 나는 응고된 피같이 된다는 것으로 애굽에 내린 첫째 재앙과 유사(이것은 바닷물이 반드시 피가 된다는 물리적인 변화로도 볼 수는 있지만 그것보다는 두 번째 나팔 재앙과 같이 바다의 전체적이고 심각한 오염을 상징적으로 말한 것일 수도 있다.)

–바다 가운데 모든 생물이 죽음

4절 세 번째 대접 재앙(강과 물 근원에 쏟음)

–신선한 수질과 식수원이 오염되는 것을 의미하는 것으로 물이 "피"로 변하는데 이는 바다가 피로 변하는 두 번째 대접 재앙의 경우와 달리 상징적인 의미가 개입할 여지가 없는 문자적인 "피"임을 알 수가 있다(6절).

8절 네 번째 대접 재앙(해에 쏟음)

–해가 불로 사람을 태우는 재앙으로 지금도 이미 지구 대기권의 오존층에 알래스카만한 구멍이 생겨 재앙을 예고하고 있는데 그러한 재앙이 현실화 되는 것.

10절-21절 다섯 번째 대접 재앙–일곱 번째 대접 재앙

10절 다섯 번째 대접 재앙(짐승의 왕좌에 쏟음)
–짐승의 나라가 어두워지고, 사람들이 아파서 자기의 혀를 깨뭄.
–고통으로 하나님을 비방하고, 회개치 않음.
–여기서 "짐승의 왕좌"는 '사탄의 왕좌' 로서 사탄이 통치하고 지배하는 자리이다. 이곳에 하나님의 진노의 대접이 핵심적으로 쏟아져서 고통을 줌.
–여기서 "어둠"이란 짐승의 왕국이 전 세계적인 왕국이므로 전 세계가 다 어두워지는데 그 의미가 실제적인 의미인지, 영적 도덕적인 의미인지는 분명치 않음

12절 여섯 번째 대접 재앙(큰 강 유브라데에 쏟음)
–"강물이 말라서 동방에서 오는 왕들의 길이 예비 됨"
–그 결과로 "개구리 같은 세 더러운 영"이 용의 입과 짐승의 입과 거짓 선지자의 입에서 나옴(13절)
–그 세 영(귀신의 영)이 전능하신 이의 큰 날에 있을 전쟁을 위하여 천하의 왕들을 모음
–그 왕들을 모으는 장소는 "아마겟돈"(16절)
–아마겟돈은 '하르(언덕, 산) + 므깃도 = 므깃도의 산' 이란 뜻으로 아마겟돈은 크기가 30Km, 22.9Km 되는 평원으로 '이스르엘 평원' 에 위치. 구약 시대부터 많은 전쟁이 있어 왔고, 1917년 영국이 터키를 격퇴한 곳이기도 하고, 십자군 전쟁이 벌어진 곳이기도 하다. 애굽에서 올라올 때나 앗수르에서 내려갈 때 므깃도

를 점령하면 일천 개의 성을 점령한 것 보다 낫다고 할 만큼 전략적인 요충지이며 천혜의 요새. 나폴레옹도 세계 전체를 두고 볼 때 므깃도가 가장 좋은 전쟁터라고 말한 바 있음.
-바로 이곳에 여호와의 큰 날을 위한 전쟁이 일어난다는 것.

17절 일곱 번째 대접 재앙(공중에 쏟음)
-일곱 번째 대접 재앙의 목표는 공중(공기)인데 이는 땅이나 바다, 강보다 더 넓은 영향력을 미침(개역개정 판에선 엡 2:2의 예를 따라 "공중"으로 번역하였으나 문맥상 그렇게 번역 될 수 없음). 왜냐하면 모든 사람이 마시는 것(공기)이기 때문.
-이 재앙의 결과로 "번개, 음성, 우렛소리, 큰 지진"이 일어나는데 마지막 재앙임을 암시(17절 "되었다" 참고)하는데 참혹한 마지막 재앙인데 큰 성이 세 갈래로 갈라지고, 만국의 성들도 무너지고, 큰 성 바벨론이 무너지고(이 세 성은 동일한 성으로 세상 끝을 의미) 무게가 한 달란트(약 60Kg)되는 우박이 내림.
-일곱 번째 대접 재앙까지 살펴보면 사탄의 왕국은 멸망하고 최후의 승리는 우리 것임을 알 수가 있다. 아무리 사탄의 핍박과 공격이 거세도 주님이 그 불의한 세력을 꺾고 최후 승리를 거둘 것을 보여줌.

17장. 큰 음녀

17장부터는 마지막을 향해 급속히 진전 됨. 17장-18장은 바벨론 멸망을 다루는데 17장은 종교적인 바벨론을, 18장은 상업적인 바벨론의 멸망을 다룸. 또 17장은 미래시제로 다루지만 18장은 과거시제로 바벨론 멸망을 다룸.

17장은 전체가 큰 음녀를 설명하는 장면으로 구성

1절 큰 음녀가 받을 심판을 미래 시제로 묘사

–큰 음녀는 바벨론(이 세상)을 의미(5절, 18절) 악한 세상에 주도적인 영향을 미치는 적그리스도적인 존재.

–"많은 물 위에 앉은 음녀"에서 "물"은 15절에 "백성과 무리와 열국과 방언"이라고 밝히고 있음으로 이 음녀는 많은 나라, 많은 사람들에 영향을 미치는 굉장한 권력과 영향력이 있는 존재임을 알 수가 있다.

2절 음녀의 역할

–"음행"(땅의 임금들과 땅에 사는 자들과) : 세상의 쾌락과 매력에 젖어 사는 것.

3절-4절 음녀의 모습

–아주 매력적이고, 가증하고, 악하며, 동시에 큰 영향력을 행사(6절)

–붉은 빛 짐승을 탐(하나님을 모독하는 이름이 가득하고, 일곱 머리 열 뿔) : 붉은 빛 짐승은 13장의 "바다에서 올라 온 짐승"으로 붉은 빛은 사치와 죄악의 색깔.

–"자주 빛과 붉은 빛 옷" : 잘 사는 사람들이 입던 사치하고 화려한 옷, 유혹적인 복장.

-"금과 보석과 진주를 꾸미고" : 당시의 최고의 보석으로 꾸민 것으로 남자들을 유혹하려고 가장 화려한 여왕의 행세를 함.

-"손에 금잔"(가증한 물건과 음행의 더러운 것이 가득함) : 매력적인 악영향을 미치는 여왕 행세를 하는 것으로 금잔은 그녀의 영광과 위엄을 보여주려는 허세이고, 실상은 가증하고 음행의 더러움이 가득 함.

7절-17절 일곱 머리 열 뿔의 짐승

7절부터 17절 까지는 일곱 머리 열 뿔의 짐승을 설명하며, 음녀와 교차적으로 설명을 하는데 이는 이 둘이 두 가지가 아닌 한 가지 비밀이기 때문.

8절 "전에 있었다가 지금은 없으나 장차 나올 짐승"

-이것은 13:3의 죽었다가 살아난 짐승(바다에서 올라온 짐승)을 의미함.

9절 일곱 머리는 일곱 산

-일곱 산은 고대 로마를 연상 시키는데 이는 로마가 7개의 산으로 구성되어졌기 때문. 즉, 로마와 같은 거대 제국의 권세를 동반하는 것을 의미.

10절 일곱 산

-"일곱 산"은 "일곱 왕"이라고 했으니 로마 제국과 같은 왕국을 의미하는데 다섯은 망하였고 하나는 지금 있고, 다른 하나는 아

직 이르지 않았다고 했는데 다음에 나오는 열 뿔이 왕들이라는 점에서 적절한 설명.

–즉, 일곱 개의 머리는 일곱 개의 왕국, 열 뿔은 열 왕(12절)

16절 열 뿔과 짐승이 음녀를 미워하여 망하게 하고

–사탄의 왕국은 마침내 자체 분열을 일으켜 자멸할 것을 의미.

–"망하게"는 음녀의 재산을 빼앗아 황폐하게 한다는 것

–"벌거벗게"는 음녀의 도덕적 타락을 대중 앞에 폭로

–"살을 먹는다"는 치열한 증오와 적개심으로 복수

–"불로 아주 사름"은 구약의 음행자를 처벌하던 방식으로 완전히 파멸시킴을 의미.

17절 자기 뜻

–여기서 말하는 "자기 뜻"은 바로 "하나님의 뜻"을 의미.

–하나님께서 열 뿔(10 왕)과 그 짐승(적그리스도)으로 하여금 음녀에게 대항하게 하심으로 하나님의 심판의 뜻을 이루게 하시는 것.

18장. 바벨론 멸망

17장에서 일곱 머리, 열 뿔의 짐승을 타고 있는 음녀를 "큰 성"이라고 하였는데, 그 큰 성의 멸망당하는 모습을 18장에서 기록하고 있음.

1절 다른 천사

–요한의 가이드 역할을 했던 일곱 대접을 가진 일곱 천사 중 한 천사(17:1, 7, 15)와 구분되는 "다른 천사"로 땅을 환하게 할 정도의 "영광"과 "큰 권세"를 가진 천사이며 바벨론 멸망을 선언함

2절 바벨론 멸망의 선언

–큰 성 바벨론의 멸망이 천사의 "힘찬 음성"의 외침으로 선언되고 있다.

–바벨론은 17장에서 나온 그대로 창세기의 바벨탑 사건 이후로 줄곧 하나님을 대적하는 악한 세속적인 세력으로 계속되다가 그리스도의 재림 직전에 절정적으로 등장할 적그리스도적인 세속 권력을 의미.

–아직 무너지기 전임에도 "무너졌도다, 무너졌도다"라고 한 것은 너무나 확실한 사실이기에 과거시제(예변적 과거시제)로 쓴 것이고, 멸망이 확실하기에 두 번이나 거듭 말하고 있는 것.

–바벨론 멸망의 증거가 바로 "귀신의 처소와 각종 더러운 영이 모이는 곳과 각종 더럽고 가증한 새들이 모이는 곳"인데 "귀신의 처소와 각종 더러운 영이 모이는 곳"은 악령들의 소굴이며 감옥을 의미하는데 이사야와 예레미야가 구약의 바벨론의 멸망을 이런 식으로 예언하였고, "각종 더럽고 가증한 새들"이란 부엉이, 까마귀, 타조, 올빼미, 솔개 등으로 이런 새는 파멸의 상징인데 악령과 흉조가 함께 언급된 것은 시체를 찾아 날아드는 새들처럼 악령들이 바벨론 위에 날아다니는 것으로 묘사한 것.

4절 거기서 나오라

–악하고 음란한 문화인 바벨론은 반드시 멸망할 것이다. 여기서 성도들의 자세는 무엇인가? "거기서 나오"는 것이다. 이것은 주님의 말씀이다. '나오라' 는 명령은 부정과거형으로 단호하고 시급하게 순종해야할 명령으로 구약의 아브라함과 롯도 비슷한 명령을 받았다(창 12:1, 19:12).

–여기서 '나오라' 는 말은 문자적으로 바벨론에서 걸어 나오라는 말이기 보다는 그 유혹과 죄악에서 벗어나라는 것이다. 즉 바벨론의 음행과 교만과 치부와 사치와 불의 등의 죄를 범하지 말라는 것이다.

8절, 10절, 17절, 19절 갑작스런 멸망

–"하루 동안에"(8절), '한 시간에"(10절, 17절, 19절)

3절, 5절-8절, 19절, 23절-24절 멸망의 이유

–"그의 행위대로"(6절)

–바벨론이 멸망당하는 이유는 그의 행위대로 되는 것이다. 다시 말해 바벨론이 멸망당하는 것은 멸망당할만한 일을 했기 때문에 공의로운 하나님의 심판을 받는 것. 5절을 보면 "그의 죄는 하늘에 사무쳤다"고 밝힘.

음행(3절)

–"그 음행의 진노의 포도주로 말미암아 만국이 무너졌으며 또 땅의 왕들이 그와 더불어 음행하였으며"라고 기록하여 온 세계가

하나님을 적대시하는 바벨론과 동맹을 맺고 음란과 영적, 도덕적으로 타락하여 하나님의 심판을 받을 수 밖에 없는 상태임을 보여준다.

교만(7절)

-"나는 여왕으로 앉은 자요 과부가 아니라 결단코 애통함을 당하지 아니하리라"이것은 스스로 영화로운 체 하는 교만(self-glorification)을 말하고, 스스로를 "여왕"이라고 한 것은 구약의 바벨론, 두로, 니느웨와 같이 스스로를 최고라고 생각하는 자기 신뢰(self-confidence)와 가지 만족(self-sufficiency)의 죄이고, "과부가 아니라 결단코 애통함을 당하지 아니하리라"는 표현은 자기 만족을 강조("결단코")하는 극단적인 교만함을 드러내는 것.

3절, 7절/15절, 19절 사치와 치부

-3절, 7절에서는 "사치"가, 15절, 19절에서는 "치부"가 나옴

-"사치"는 무절제한 자기 탐닉의 삶을 의미한다. 바벨론은 상업과 무역을 통해 부해졌고 그 "치부"의 결과로 "사치"에 빠졌다. 12절-13절에 그 무역품과 상품의 목록이 나오는데 이것들을 보면 무진장한 온갖 자원을 의지해서 '하나님이 필요없다' 는 사치(luxury)와 물질주의(materialism)에 빠진 것.

5절 불의

-5절을 보면"하나님은 그의 불의한 일을 기억하신지라"고 했는데

바벨론의 불의가 어디까지였는지 13절을 보면 심지어 사람을 사고 파는 인신매매 행위까지였음이 드러난다. 바벨론의 무역품 중에 "종들과 사람의 영혼"(즉, 사람)이 포함되었던 것을 볼 수 있다.

20절 성도들의 박해(살인)

-24절을 보면 바벨론은 성도들과 특히 선지자의 피를 흘릴 뿐 아니라 성도를 살해하는 악한 영향을 땅의 다른 사람들에게 미쳐 그 다른 사람들까지도 의로운 피를 흘리게 함.

-이렇게 종말을 향해 가면 갈수록 기독교에 대한 핍박이 점점 더 심각해질 것이라는 것을 본문이 암시하고 있는데, 이런 박해는 반드시 하나님의 심판을 받는다.

바벨론 멸망으로 인한 통곡(9절, 11절, 15절)

-바벨론이 저지른 음행, 교만, 치부와 사치, 불의, 성도들의 살해 등의 죄로 인해 심판을 받고 멸망할 때 통곡하는 자들이 있는데 그들이 바로 "땅의 왕"(9절), "땅의 상인"(11절, 15절), 바다에서 일하는 자들("선장, 선객, 선원" 17절-19절)이다.

-왕들은 자신의 권력이 일시 간에 사라지기 때문이고(10절), 상인들은 자신들의 시장을 잃기 때문이며(17절) 바다에서 일하는 자들은 바다 무역이 망했기 때문에(19절) 통곡하는 것이다.

20절 즐거워하라

-바벨론의 멸망으로 인해 왕들과 상인들과 바다 사람들이 통곡하지만 성도들은 즐거워하는 것. 이것은 악인들의 멸망을 보고 고

소해 하는 것이 아니라 하나님의 정의의 통치가 승리하는 것을 보고 기뻐하는 것.

–고난과 박해 속에 있던 성도가 마침내 불의한 사탄의 통치가 완전히 멸망당하고 하나님의 정의가 회복되는 것을 보면서 즐거워 하는 것.

–"성도들"은 신자 전체를, "사도들과 선지자들"은 성도들 중 특별한 그룹을 의미.

–이렇게 성도들과 사도들과 선지자들이 즐거워하는 이유는 "하나님이 너희를 위하여" 그에게 심판을 행하셨기 때문

–이것은 우리 주님이 최종적으로 불의한 이 세상(바벨론)을 다 심판하고 하나님 나라를 완성하셔서 우리의 눈에서 눈물을 씻기고, 원한을 다 제거하시고 우리의 모든 고통까지 제거한 후 천국에서 우리와 함께 영원토록 사실 것이므로 이걸 보며 우리는 소망 중에 즐거워해야 할 것이다.

19장. 어린양의 혼인 잔치와 백마 탄 자

1절-5절 심판과 구원의 완성

하나님께서 구원하시는 과정에서 심판을 완성하시는 내용

1절 할렐루야

–"할렐루야"라고 찬송하는 이유는 하나님께서 구원자로서 큰 음녀를 심판하셨고, 그 심판이 완전히 이루어졌기 때문.

–하나님의 심판은 의롭고 참되고, 오류가 전혀 없기에 정확한 심

판이다. 이렇게 정확한 심판이 완성되었기에 "할렐루야" 찬양하는 것.

3절 그 연기

–"그 연기" 원문을 보면 '그녀의 연기' 이다. 곧 음녀를 가리키는 말로 큰 음녀는 죄악되고 음란한 바벨론인데, 그 연기가 올라간다는 것은 하나님의 심판이 이루어지는 것을 의미함으로 그래서 "할렐루야"하고 찬양.

4절 아멘 할렐루야

–이십 사 장로와 네 생물이 하나님께 "아멘 할렐루야"한 것은 '참으로 잘 되었습니다' 란 뜻으로 계시록의 모든 노래들 가운데 가장 장엄하고 엄숙한 노래. 이것은 성도들을 괴롭히던 바벨론의 심판에 근거하여 하나님께 찬양하는 노래이기 때문.

6절-10절 어린양의 혼인 잔치

1절–5절은 바벨론 심판을 뒤돌아보며 부르는 노래인데 반해 6절–8절은 어린양의 혼인 잔치를 내다보고 부르는 노래.

6절 하나님의 통치(완벽한 평화의 통치)

–하나님께서 큰 창녀 바벨론을 심판하셨으니 이제는 어린양과 그 신부되는 교회(성도)가 결혼식을 하는 것(그리스도의 재림과 그를 맞이하는 성도들의 모습을 혼인잔치로 비유).

–혼인 잔치 후에는 주님과 함께 영원토록 밀월여행(Honeymoon)

과 같은 삶이 계속된다. 이 장면이 바로 6절-8절의 내용.

-어린양과 성도는 각기 신랑과 신부로 비유

8절 신부의 모습

-신부의 모습은 앞 장인 17절-18장의 음녀의 모습과 큰 대조를 이룸. 음녀의 모습을 읽을 때 화려한 옷을 입고, 일곱 머리 열 뿔로 엄청난 세력을 등에 업고, 사람들에게는 너무나 매력적이지만 반면에 역겨움과 답답함을 느끼게 되는데 이와 대조적으로 순결한 신부의 모습에서 우리는 비로소 안도하게 된다.

-이 신부의 모습은 바로 성도의 모습.

-신부가 입고 있는 웨딩드레스는 "빛나고 깨끗한 세마포". 이 세마포 옷은 "옳은 행실"이라고 밝히고 있음. 그러므로 세상 마지막 날, 신랑 되신 주님을 떳떳하고 당당히 맞을 수 있기 위해서는 옳은 행실(올바른 믿음으로 말미암는 열매)이 있어야 함.

-세마포 옷과 관련하여 우리가 주목해야 할 것은 7절의 "그의 아내가 자신을 준비"하였다는 것이다. 신부 본인이 능동적으로 준비하였음을 보여주는 구절이다. 그러나 이것만 보면 율법주의로 빠질 가능성이 있지만 8절의 "허락하셨으니"를 보면 신부가 세마포 옷(옳은 행실)을 스스로 준비하는 것이기도 하지만, 동시에 주어진 것이라는 것이다.

-깨끗한 세마포 옷은 한 편으로는 신자들의 노력의 결과이지만, 다른 한편으로는 하나님의 주권적인 예비의 결과이기도 함.

11절 - 21절 백마 탄 자

이 본문은 다시 심판을 설명하는 내용이 나옴. 백마 탄 자와 대적자들에 대한 징계가 나옴으로 우리는 승리의 확신을 가져야 한다.

11절 백마 탄 자

-이는 승리의 정복자, 개선 장군을 상징하는 것으로 최후 승리하신 예수 그리스도를 의미(15절에서 철장으로 만국을 다스리신다고 하였고, 16절에서는 만왕의 왕이요 만주의 주라고 하였기에).

-예수 그리스도가 모든 불의한 세력과 악한 세력을 멸망시키고 최후 승리자가 되실 것을 보여줌.

11절, 13절, 16절 그리스도의 이름

-백마 탄 자인 그리스도의 이름을 다각도로 강조하고 있는데 각각 "충신과 진실", "하나님의 말씀", 그리고 "만왕의 왕, 만주의 주"이다.

-주님은 영원토록 변치 않으시는 분이시다. 우리는 주님이 충신과 진실 되시는 이 진리에 의지하지 않는다면 불안해서 살 수가 없는 것이다. 우리는 끝임 없이 변화하지만 주님은 단 한 번도 우리를 배신하신 적이 없고 꿈에도 배신하신 적이 없다. 우리를 구원하시기로 작정하시고 진실하게 이루어 내시는 충신과 진실이신 것이다.

-하나님은 가만히 계신 것이 아니라 말씀이신 그리스도를 이 땅에 보내셔서 말씀하시고 자신을 나타내심. 그래서 예수님은 하나님의 말씀이시다. 이 말씀의 성격은 히 4:12-13의 내용과 같이 살았고, 운동력이 있는 것으로 좌우에 날선 어떤 검보다 예리하여

우리의 혼과 영과 관절과 골수를 찔러 쪼개기까지 하며, 모든 피조물들을 하나님 앞에서 벌거벗겨 낱낱이 드러나게 하는 것. 살아 움직이시는 인격체인 예수 그리스도는 강력하게 생명의 역사를 이루어 가심. 이 분이 바로 백마 탄 자이시다.

-"그 옷과 그 다리에 이름을 쓴 것이 있으니 만왕의 왕이요, 만주의 주"라고 하였는데 이는 더 이상 주님 앞에 설 어떤 권세자나 능력자가 없음을 보여주는 것으로 최후 심판 하시는 주님의 통치권은 절대 권력임을 시사하는 것.

17절-18절 새들의 만찬

여기서는 정복을 이야기 하면서 시체를 뜯어 먹는 새들의 예를 들고 있음. 이 부분을 두고 어떤 사람들은 하나님이 너무 잔인하다고 하지만 하나님은 결코 잔인하지 않으시다. 천년을 하루 같이 기다려 오셨고 참아 오셨기 때문. 참고 또 참으시다가 마침내 마지막에 손을 대시는 것.

17절 천사의 명령

-새들을 향하여 하나님의 큰 잔치에 모일 것을 명함. 이 잔치는 시체가 가득하여 새들이 내려 앉아 시체를 뜯어 먹는 진수성찬을 의미.

18절 살을 먹으라

-하나님을 대적하는 각계각층의 모든 사람들이 다 멸망당할 것을 의미.

19절-21절 짐승과 거짓 선지자의 최후(심판)

19절

–"짐승"은 13장의 바다에서 나온 짐승을 의미하는 것이고, 그를 추종하는 땅의 임금들과 군대들이 연합해서 "말(백마) 탄 자"이신 그리스도와 그의 군대에 대항하여 전쟁을 일으키나 그들은 반드시 멸망을 당 함. 그때 악한 사탄의 세력과 그에 협력하던 모든 땅의 임금들이 함께 멸망을 받음.

20절

–짐승과 더불어 거짓 선지자도 나오는데 이는 13장의 땅에서 나온 짐승을 의미.

–"이 둘은 산 채로 유황불 붙는 못"(지옥)에 던져짐.

21절

–그 나머지 주 예수 그리스도를 대적하는 모든 악한 무리들은 말 탄 자의 입에서 나오는 검에 죽임을 당함.

–새들이 그 시체로 배를 불림.

20장. 천년왕국과 흰 보좌 심판

요한 계시록 20장은 계시록 전체에서 가장 해석하기 어려운 부분 중 하나인데 그 이유는 천년왕국설 때문이다.

대개의 한국의 신자들이 잘 알고 있는 것은 주님 재림 후에 이 땅에 천년왕국이 건설되고 그 후에 다시 사탄의 공격과 싸움이 있고 심판이 있은 후에 구원이 완성되고 영원한 상태가 온다는 전천년설(premillenialism)인데 이 전천년설을 주장하는 사람들 중에도 7년 대환란이 있다는 사람(세대주의적 전천년설)도 있고 없다는 사람도 있지만, 주님이 재림 하신 후에 오는 천년왕국은 아주 좋은 시대이긴 하지만 아직 죽음도 있고, 안 믿는 사람도 있어서 소위 영원하고 완전한 천국과 같은 황금시대(golden age)가 아니라 백은시대(silver age)라는 것이다.

또 하나는 천년왕국이 따로 있는 것이 아니라 주님 초림 이후부터 재림까지를 천년왕국 시대라고 하는 무천년설(amillenialism)로서 이것은 천년왕국이 없다고 주장하는 것이 아니라 지금 우리가 살고 있는 이 시대가 천년왕국 시대라는 것이다. 그래서 실현된 천년왕국설 이라고도 한다.

한국교회는 지금까지 주로 불건전한 세대주의적 전천년설이 가장 두드러진 강세를 보여 왔다.

1절-6절 천년왕국

1절 천사가 내려 옴

–무저갱의 열쇠와 큰 쇠사슬을 가진 천사

2절-3절 사탄의 결박

– 사탄을 잡아 결박하고 천년 동안 무저갱에 던져 넣고 인봉하는 것은 문자적 의미가 아님. 어떻게 영적인 존재인 사탄을 쇠사슬로 결박할 수 있을 것인가? 그러므로 이것은 상징적인 의미로서

전체적으로 사탄의 활동은 그리스도의 능력과 사역에 의해 철저하게 패배당하고 무력화 된 것을 상징적으로 설명한 것.
-그러나 "그 후에는 반드시 잠깐 놓임"을 받아 종말적 전쟁을 통해 완전하고 영구적인 패배를 감수하게 될 것.

4절 천 년 동안 왕 노릇
-예수의 증거와 하나님의 말씀을 인하여 목 베임을 받은 자들과 짐승과 우상에게 경배하지 아니하고 이마에 표를 받지 아니한 자들이 보좌에 앉아 천년동안 왕 노릇하며 심판하는 권세를 받음. 그러므로 우리는 지금 이 세상에서 왕의 권세와 심판의 권세를 실제로 행사해야 한다.
-이들이 왕 노릇 하는 기간은 사탄이 결박당해 무저갱에 갇힌 기간과 동일한데 요한계시록에서는 주로 교회의 영광스런 통치 개념이 있을 때는 그 기간을 "천년"으로 표현을 하고, 교회가 핍박을 받거나 고난을 당하는 모습에서는 항상 "3년 반"(1,260일, 마흔 두 달)으로 표현.

5절-6절 첫째 부활
-성도가 주님의 초림부터 재림 시까지 천년 동안 이 세상에서 왕 노릇하며 다스리는 이것이 첫째 부활이며 둘째 사망이 다스릴 권세가 없다는 것이다.
-여기서 첫째 부활과 둘째 사망이란 무엇인가? 첫째 사망은 육체적인 죽음(영혼과 육체의 분리)을 의미하며 둘째 사망은 영원한 죽음인 지옥 형벌을 의미하는 것인데 첫째 부활이란 용어를 사용

한 것은 둘째 부활을 암시하고 있는 것이다. 그러면 첫째 부활은 무엇일까? 본문에 나온 것 같이 예수님을 믿고 중생하여 하나님의 자녀가 되는 사건으로 우리가 이 세상의 죄에 죽고 예수 안에 새롭게 살아 왕 노릇하는 것이다. 그렇다면, 둘째 부활은 성도가 죽은 후에 하나님의 품에 안겨 천국에서 영원히 사는 것을 의미한다고 할 수 있을 것이다.

7절-10절 곡과 마곡의 전쟁(사탄의 멸망)

7절 사탄이 풀려남

–천 년이 찰 때 사탄이 옥에서 잠시 놓여서 땅의 사방에 흩어진 백성, 곧 곡과 마곡을 전쟁으로 미혹하기 위해 모으는데 그 숫자가 바다의 모래와 같다고 함.

8절-9절 곡과 마곡 전쟁

–곡과 마곡은 구약의 에스겔서 38장–39장에 등장하는 곡과 마곡을 배경으로 하는 것으로 에스겔서를 보면 회복된 새 예루살렘의 안정성과 견고성을 시험하기 위해 등장하여 공격하다가 패배함으로 하나님께서 회복하신 새 예루살렘 성의 견고함을 입증함. 이러한 구약의 사건을 요한은 창조적으로 인용하여 9절에서 사탄이 동원한 곡과 마곡의 군대가 성도들의 진과 사랑하시는 성(도시, 곧 새 예루살렘을 의미)을 둘러싸자 하늘로부터 불이 내려 소멸함으로 예수께서 피로 값 주고 사신 교회 공동체가 얼마나 강력하고 안전한 공동체인가를 보여 줌.

10절 마귀의 최후

–곡과 마곡을 미혹하고 지휘하던 마귀, 사탄이 짐승과 거짓 선지자가 있는 불과 유황 못에 던져 져 영원한("세세토록") 고통을 받게 됨.

–여기서 우리는 19:20을 생각하고 시간적으로 사탄은 짐승과 거짓 선지자가 먼저 들어간 불 못에 뒤따라 들어간 것으로 오해하기 쉽지만 20장의 이 "곡과 마곡의 전쟁"은 19장의 "그 짐승과 땅의 임금들과 그들의 군대"가 말(백마) 탄 자되신 그리스도와 그의 군대와 더불어 일으키는 전쟁과 다른 전쟁일 수가 없다. 이것은 모두 계시록의 전형적인 기록 방식인 점진적 반복법을 사용하여 기록한 것.

–그러므로 19:20절의 최후 심판도 점진적 반복법으로 여기서 다시 설명되고 있는 것.

11절 - 15절 흰 보좌 심판

11절 흰 보좌에 앉으신 이

–"크고 흰 보좌"에서 크다는 것은 하나님이 위엄을, 흰색은 순결을 의미. 즉 절대적인 순결로서 죄가 전혀 개입되지 않는 것을 말함.

–땅과 하늘이 간 데가 없는 것은 하나님이 너무 위대한 분이어서 땅과 바다가 그 모습을 감당하지 못하기 때문일 수도 있지만 인간의 범죄와 죄악으로 오염된 땅과 바다가 새로워 지기위하여 옛 질서가 물러가는 것.

12절 펼쳐진 책들

–여기서 "죽은 자"란 불신자들로 짐승을 따르다가 죽은 자들을 의미. 하나님은 믿음 안에 있는 자들은 죽은 자로 간주하지 않는데 이는 이미 '첫째 부활' (6절 참조)을 경험한 자들이기 때문이다. 이들은 심판을 받으려고 서 있는 것.

–보좌 앞에 책들이 펴져 있고, 또 다른 책도 펴져 있는데 곧 생명책.(믿지 않은 자들의 행위를 기록해놓은 것)

–믿지 않은 자들은 이 책에 기록된 대로 심판을 받음. 컴퓨터나 메모리에 저장해 둔 것 보다 더 생생하고 자세하고 낱낱이 기록될 것임.

15절 완성된 임마누엘의 축복

–"생명책에 그 이름이 기록되지 못한 자"는 사망과 음부와 함께 불 못에 던져 짐(이것이 둘째 사망).

–짐승을 따르다가 죽은 자들을 최후의 심판 때까지 모아놓은 장소, 곧 음부는 더 이상 필요가 없어진다. 왜냐하면 이제는 더 이상 하나님을 믿지 않는 자들이 존재하지 않기 때문.

21장. 새 하늘과 새 땅

새 하늘과 새 땅(신천신지)은 바로 앞 장의 흰 보좌 심판의 결과로서 불신자들이 불 못에 던져지는 장면과 선명한 대조를 이룸. 이 장의 새 하늘과 새 땅을 생각하며 감격과 은혜로 눈물을 흘리기도 하였고 찬송도 숱하게 불렀다. 죄와 고통과 절망이 횡행하는 이 시대에 한 줄기 빛과 같은 장면이 아닐 수 없다.

1절 새 하늘과 새 땅

-"새 하늘과 새 땅"이 나타난 이유는 처음 하늘과 처음 땅이 사라졌기 때문.

-처음 하늘과 처음 땅은 죄와 사망, 반역과 소외가 지배하는 땅이었으나 하나님의 심판과 구속이 완성되면서 새 하늘과 새 땅으로 대치 됨.

-"바다도 다시 있지 않더라"라고 사족처럼 끝부분에 있지만 실상은 중요한 부분. 왜냐하면 바다는 13장에서 짐승이 올라오는 악의 근원이었기 때문. 그 짐승은 바다에서 올라와 사탄인 용에게 권세를 받아서 죽은 것처럼 되었다가 살아나는 예수님의 흉내를 내면서 땅에 거하는 모든 사람을 미혹케 하여 자신을 경배하게 한 장본인. 이러한 존재를 탄생시킨 바다는 더 이상 새 창조의 영역에서는 존재할 수 없는 것.

2절 새 예루살렘

-요한은 특별히 새 하늘과 새 땅 중에서 "새 예루살렘"이 하늘에서 내려오는 것을 보았다. 새 예루살렘이란 '옛 예루살렘'을 전제로 하는 것으로 죄와 불순종으로 멸망당한 옛 예루살렘 대신 그리스도의 구속으로 회복된 새 예루살렘을 보여 줌.

-새 예루살렘을 남편을 위하여 단장한 신부 같다고 하였으니 새 예루살렘은 교회의 진정한 완성인 천국의 모형임을 짐작하게 함. 여기서 "단장"이란 헬라어의 '코스메오'인데 여기서 훗날 영어

의 화장(cosmetic)이란 말이 나왔는데 하나님의 백성(교회)이 하나님과 동거하기 위해 아름답게 준비되어 있는 것을 의미.

3절 보좌의 음성

-"하나님의 장막이 사람들과 함께 있으매 하나님이 그들과 함께 계시리니"라는 음성은 하나님께서 우리와 함께 하신다는 임마누엘의 약속으로 성경에 나오는 많은 약속들의 성취로서의 완성된 임마누엘의 약속 임.

-임마누엘은 천국의 가장 큰 특징으로, 여기서 이 점을 사중으로 강조("하나님의 장막이 사람들과 함께 있으매", "하나님이 그들과 함께 계시리니", "그들은 하나님의 백성이 되고", "하나님은 친히 그들과 함께 계셔서").

4절-8절 성취된 임마누엘의 축복

4절 눈물을 닦아 주심

-임마누엘의 첫 번째 축복은 하나님이 모든 "눈물"을 닦아 주시는 것, 여기서 눈물이란 모든 고통과 한을 총칭하는 단어로 천국에는 인간의 고통이 더 이상 지배하지 않는다는 것을 의미.

5절 만물을 새롭게 하심

-임마누엘의 두 번째 축복은 만물을 새롭게 하심인데 지금 지구는 점점 오염되고 생태계는 파괴되어가고 있다. 이것은 인간의 범죄로 말마암아 만물이 저주를 받았기 때문인데 그러나 천국에서는 하나님께서 만물을 새롭게 하실 것이기에 더 이상 수질 오염과

환경 오염, 대기 오염, 토질 오염 등으로 고민할 이유가 없다.

6절 생명수 샘물을 주심

–임마누엘의 세 번째 축복은 "생명수 샘물을 목마른 자에게 값없이" 주신다는 것(6절)인데

–"알파와 오메가요 처음과 마지막이라"란 하나님만이 온 우주의 원인자인 동시에 완성자란 것. 하나님만이 절대적인 통치자란 것. 하나님만이 온 우주의 절대적인 주권자이시기에 시작한 것을 완성하실 수 있다는 뜻.

–이러한 하나님이 생명수로 인간의 모든 갈증(영적, 육적인 필요)을 해소시켜주시는 것. 그러므로 천국에서는 우리에게 결핍이란 결코 존재할 수가 없다. 하나님이 생명수 샘물로 우리의 모든 갈증을 해소시켜 주시기 때문이다.

7절 아버지와 아들

다시 한 번 임마누엘의 약속을 확증하면서 이번에는 아들과 아버지의 관계로 설명. 아들과 아버지 보다 더 친밀한 관계가 있을 수 있을까.

9절-21절 새 예루살렘의 모습

9절 신부 곧 어린양의 아내

–"신부 곧 어린 양의 아내를" 보여 준다고 하였다. 그러나 정작 본 것은 무엇인가?

10절 새 예루살렘 성

–어린양의 아내 대신 정작 본 것은 "거룩한 성 예루살렘"이었는데 이것은 예루살렘 성은 단순히 성이 아니라 그 속의 사람들까지 포함된 것임을 알게 되고 고난을 통과한 공동체인 지상 교회의 영광스런 완성인 천상의 교회(천국)를 가리키는 것.

11절 새 예루살렘 성의 영광

–우리가 장차 들어갈 천국인 새 예루살렘의 첫 번째 특징은 "영광"이다

–"빛"이란 하나님이 임재(세키나)의 상징으로 새 예루살렘은 하나님의 임재의 영광 때문에 빛나는 성이다.

– 그 빛은 "지극히 귀한 보석 같고 벽옥과 수정같이 맑더라"고 했는데 원문에는 '수정같이 맑은 벽옥'으로 되어 있다. 벽옥은 보석 중의 보석인 다이아몬드로 4:3에서는 하나님 자신을 묘사하는데 사용되었는데 여기서는 새 예루살렘 성을 묘사하는데 사용됨.

12절-17절 새 예루살렘 성의 모양과 크기

–우리가 장차 들어갈 천국인 새 예루살렘의 두 번째 특징인 성의 모양과 크기를 살펴보면

–우선, 그 모양은 "열 두 기초석 위에"(14절) 크고 높은 성곽이 있고, 동서남북에 3개 씩, 열두 문이 있는데 그 문에는 열두 천사가 있고 문들 위에 열두 지파의 이름을 썼더라고 했고 열 두 기초석에는 열 두 사도들의 이름이 있다고 했는데 이것은 구약과 신약

의 모든 구원 받은 성도들을 대표하는 숫자로서 하나님은 과거, 현재, 미래, 이 땅의 모든 하나님의 백성을 위하여 완벽하고 영광스럽게 살 수 있는 천국을 예비하고 계신다는 뜻이다.

–다음으로, 크기는 16절을 보면 그 성은 "네모가 반듯"하다고 했고, "길이와 너비와 높이"가 같다고 했는데 이는 아주 특수한 입방형의 성으로 금 갈대 자로 그 성을 측량을 하였더니 그 크기가 "만 이천 스다디온"인데 이는 1,500마일 정도의 크기로 미국의 약 3/4 정도 되는 크기이다.

–17절에는 성곽의 크기를 측량했는데 144규빗인데 이는 약 60m로서 많은 학자들은 이것을 성벽의 높이가 아니라 두께라고 지적을 한다. 왜냐하면 16절에서 이미 "길이와 너비와 높이"가 같은 만 이천 스다디온(약 1,500마일)이라고 했기 때문에 높이가 144규빗이라는 것은 말이 되지 않기 때문이다. 144 규빗이 두께라면 이렇게 두꺼운 성벽이 예루살렘 성을 두르고 있음을 의미한다.

–여기서 크기를 묘사하는 말들 가운데 특징적인 숫자는 12인데, 만 이천(12,000) 스다디온도 그렇고, 144규빗(12×12), 12지파, 12사도, 12진주문 등이다. 이 숫자는 실제적인 크기의 성이라기보다는 상징적인 것이다.(어떻게 미국의 3/4정도의 크기에 모든 구원받은 성도들이다 들어가 살 수가 있을 것이며, 그런 성에 12개의 문만 있다면 얼마나 답답하겠는가?) 하나님의 백성의 숫자는 12이다.(구약의 12지파, 신약의 12사도 등) 그러므로 이 숫자들은 실제적인 크기이가 보다는 천국은 하나님의 온전한 백성들로 구성되어 있음을 알려주는 상징적인 의미인 것이다.

18절-19절 새 예루살렘 성의 건축재료

–우리가 장차 들어갈 천국인 새 예루살렘의 세 번째 특징인 건축 재료를 살펴보면 모든 건축 재료가 보석이라는 것이다. 작은 보석을 손에 끼고 다녀도 대단한 것인데 여기 나오는 보석들은 모두 너무 어마어마한 것들이다. 문 하나가 진주로 이루어져 있으니 상상이 가지 않는 것이다.

–성곽은 벽옥, 성은 맑은 유리 같은 정금이고, 성곽의 기초석은 벽옥(다이아몬드), 남보석(사파이어), 옥수, 녹보석(에메랄드) 등 각색 보석으로 꾸며졌다고 한다.

–여기서 중요한 것은 성 건축에 필요한 재료는 사람들이 상상할 있는 최고의 재료를 동원해서 설명했다는 것이다.

–왜 요한은 완성된 천국을 성으로 묘사했을까? 만약 요한이 오늘날 살았다면 대도시와 어마어마한 빌딩의 이미지를 사용하여 설명하였을 것이다. 그러나 2천 년 전 당시의 신자들에게는 아무리 설명을 해도 알 수도 없고, 이해할 수도 없었기 때문에 그 당시에 자신이 생각할 수 있는 최고의 이미지를 이용하여 설명한 것이다. 천국은 이렇게 우리가 상상할 수 없을 정도로 좋은 곳이다.

22절-27절 새 예루살렘 성에 없는 것

이미 4절에서 사망이나, 애통하는 것이나, 곡하는 것이나, 아픈 것이 없다고 하였는데 이 외에도 천국에는 없는 것이 있다.

22절 성전이 없음

–새 예루살렘 성에는 성전이 없는데 "이는 주 하나님 곧 전능하신 이와 및 어린 양이 그 성전"이시기 때문이라고 밝히고 있다. 진정한 성전 그 자체가 되시는 예수님과 함께 살기 때문에 더 이상 물리적인 성전은 필요가 없는 것.

23절 해와 달이 없음

–"해나 달의 비침이 쓸데 없으니"라고 하였는데 이는 진정한 빛과 영광의 근원이신 하나님과 예수님의 빛이 너무 찬란하기에 더 이상 이 세상과 같은 그런 불완전한 물리적 불빛이 필요 없다는 뜻.

25절 밤이 없음

–밤이 없기 때문에 낮에 성문을 닫지 아니한다고 하였는데 이는 영원토록 새 예루살렘의 권세가 이어갈 것을 보여주는 것으로 더 이상 새 예루살렘 성(천국)을 위협하거나 대항할 어둠의 세력이 존재하지 않는다는 것.

27절 무엇이든지 속된 것, 가증한 일 또는 거짓말 하는 자가 없음

–천국의 삶은 완전 성결의 삶이기 때문에 속된 것이 있을 수 없고 가증한 죄악상이 남아 있을 수가 없다. 특히 거짓말하는 자는 결코 들어가지 못한다고 하였는데 원래 거짓말은 사탄의 속성이고 하나님이 가장 미워하시는 죄악이다. 오늘날 우리와 우리 아이들이 얼마나 거짓말을 밥 먹듯이 하고 있는지를 생각하면 소름끼치는 일이 아닐 수가 없다.

22장. 생명수 강, 에필로그

1절-5절 생명수 강

본문은 새 예루살렘의 모습 중 생명수 강의 모습을 집중적으로 묘사하고 있다.

1절

–수정같이 맑다는 것은 오염이 전혀 없는(pollution–free) 생명수 강이란 뜻으로 그 발원지가 하나님과 어린양의 보좌에서 출발하여 길 가운데로 흐름.

–"하나님과 및 어린양의 보좌". 여기서 보좌가 단수로 등장하는데 이는 하나님과 어린양이 앉아 있는 자리가 따로 있거나, 다른 자리가 아니라 같은 자리임을 의미.

2절

–"강 좌우에는 생명나무"가 있는데 이 생명나무는 일 년에 한, 두 번 열매를 맺는 것이 아니고 한 달에 한 번씩, 일 년에 열두 번씩, 열두 가지 열매를 맺는 나무이다. 그리고 그 잎사귀는 만국을 치료하는 것으로 새 예루살렘 성이 마치 낙원과 같은 모습임을 보여준다.

–구약 에스겔서 47장을 보면 성전 문지방에서 흐른 물이 마침내 큰 물이 되어 흘러가는 곳마다 소성시키는 능력을 일으킨다는 내용이 있고(이 물이 가는 곳 마다 생명의 역사 일어나는 것을 의

미), 예수님도 요 7:37에서 "누구든지 목마르거든 내게로 와서 마시라"고 하셨다(믿음을 물을 마시는 행위로 설명). 이러한 두 사건은 모두 계시록 22장에 와서 생명 운동이 최종적으로 완성된다.

-달마다 "열두 가지 열매"를 맺는다는 것은 풍성한 생명을 공급한다는 것으로 이로 인해 새 예루살렘의 백성들은 아담과 하와에게 약속되었으나 죄와 타락으로 누리지 못한 영생을 비로소 누리게 된다.

-"만국을 치료"한다는 것은 새 예루살렘이 질병을 전제로 하는 장소라는 것이 아니라 더 이상 질병과 고통이 없는 영원한 복지가 됨을 제시하는 것이다.

3절-5절 천국에서 하는 일

-하나님을 섬기는 일을 함. 천국에서 하나님을 섬기는 것은 굴욕적인 지배를 받는 것과는 다른 특권 중의 특권이다. 왜냐하면 지옥에 들어간 자들을 생각해 보라.

-그의 얼굴을 봄. 지금 여기서는 영광의 하나님을 본다는 것은 매우 제한적이지만 천국에서는 모든 장애물이 제거된 상태에서 누리는 무제한적인 특권이 될 것이다.

-왕 노릇을 함. "세세토록 왕 노릇"을 한다고 하였다. 본문에서는 누구를 다스릴 것인지에 대해서는 명기되지 않지만 원창조(창 1:26)의 빛에 비추어 보면 만물을 다스린다고 생각하는 것이 가장 바람직 할 것이다.

6절-22절 에필로그

6절-22절의 말씀은 계시록을 마감하는 에필로그에 해당하는 말씀인데 이제 이를 정리하여 보자. 이렇게 놀라운 천국이 우리를 기다리고 있다. 이 천국은 장차 우리가 들어갈 목적지이자, 오늘 현실에 도전을 주는 자극제가 되어야 한다.

6절

-"이 말은 신실하고 참된" 것이라고 하였는데 계시록 본문의 말씀을 의미하는 것으로 계시록의 내용 전부를 확인하면서 그 권위를 인정한다는 뜻.

7절

-"내가 속히 오리니"는 주님의 재림이 임박했음을 알려주는 것으로 경각심을 가지라는 뜻.

-"예언의 말씀을 지키는 자"는 참된 재림의 대망 자세는 바로 말씀을 지켜 행하는 것. 이것은 오늘 우리가 어떤 삶을 살아야할지를 보여준다.

8절-9절

-요한이 이 모든 일을 자신에게 보인 천사에게 경배를 하려고 하였는데 이는 그가 지금까지 본 모든 것이 너무 신비롭고 놀라운 종말과 천국에 관한 일들이라 주체할 수 없는 신비로움 때문이었을 것.

10절-11절

–이 "두루마리의 예언의 말씀"은 계시록 본문 자체를 의미하는데 이것을 인봉하지 말라고 했다, 즉 감추어 두지 말라는 뜻인데 이는 "때가 가까우니라"는 것 때문인데 이것이 묵시문학들과 계시록의 진정한 차이점이다. 묵시문학들도 먼 훗날에 이루어 질 것들을 지적하지만 계시록은 '때가 가까우니라' 고 한다. 그러므로 우리는 속히 성취될 이 책의 내용을 개봉하여, 밝히 읽고, 연구하고, 지켜야 한다.

–얼마나 종말이 가까웠느냐 하면 불의한 자나, 더러운 자나, 의로운 자들이 행동을 바꿀 기회가 없을 만큼 "때가 가깝"고 긴박하다고 설명함.

12절-13절

–사람들은 종말이나 주님의 재림을 좀처럼 믿으려고 하지 않는다. 이것을 허황된 일로 치부해버리고 말지만 주님은 분명히 "보라 내가 속히 오리니"라고 확증을 하고 더 나아가서는 속히 오셔서 각 사람에게 행한 대로 갚아주신다고 약속하심.

–"알파와 오메가", "시작과 마침"은 주님이 시작하신 것이니 만큼 종말을 가지고 올 수도 있는 분이시라는 뜻

14절

–"두루마기를 빠는 자"란 말은 예수의 피로 말미암아 죄를 씻고 영적, 육체적으로 성결하고 윤리적인 삶을 사는 것을 의미한다. 그런 자들만이 "생명나무"에 나아가고 "성"(즉, 예루살렘 성인

천국)에 들어갈 권세를 얻는다고 기록.

15절

–이 구절은 "두루마기를 빠는 자"들과 대조적인 성 밖에 있는 자들로서 "개들"이란 도덕적인 부정을 저지른 자들을 의미하고 "점술가"들은 마술을 행하는 자들이며, "음행하는 자들, 살인자들, 우상숭배자들, 및 거짓말을 좋아하며 지어내는 자"는 다 "성 밖"으로 묘사된 불 못 곧 지옥에 있을 것을 예고하고 있다.

17절

–"오라"를 세 번이나 반복하며 영생으로의 초청을 하고 있는데 누가 초청하는가? 이 초청의 주체를 "성령과 신부"라고 밝히고 있다. 여기서 신부는 바로 교회(하나님의 백성)를 의미하는 것. 즉, 성령님과 교회가 원하는 자는 누구나 다 값없이 생명수를 받으라고 초청하고 있는 것이다.

–이 초청은 대단히 중요하고 예외가 없어서 모든 인류는 다 이 초청에 대한 선택을 해야만 한다.

18절-19절 계시록을 가감하는 자에게 내리는 형벌

–더하는 자에게는 하나님이 이 두루마리에 기록된 재앙들을 그에게 더함

–제하는 자에게는 하나님이 이 두루마리에 기록된 생명나무와 거룩한 성에 참예함을 제하여 버림

–그러므로 절대 변개치 못할 준엄한 종말의 메시지라고 못을 박음.

20절-21절 마라나타

–"내가 진실로 속히 오리라"는 이미 7절과 12절에서 반복하여 강조한 말씀으로 예수님께서 직접 하신 말씀이다. 그러므로 우리는 주님의 이 말씀을 허투로 듣고 종말의 임박함에 대한 긴장을 놓쳐서는 안된다.

–"주 예수여 오시옵소서"는 '마라나타' (Come, O Lord)라는 말로 앞에 "아멘"이 붙어서 참으로 속히 오시리라는 주님의 그 약속이 어서 이루어지기를 간절히 바란다는 신앙고백으로 우리도 이런 마라나타의 신앙으로 주님을 고대하며 승리하여야 할 것이다.

유혜식 신약 흐름타기

1판 인쇄일 2018년 5월 8일
1쇄 발행일 2018년 5월 11일

지은이 유혜식
펴낸이 한치호
이사장 김영석
펴낸곳 종려가지
등록 제311-2014-000013호(2014. 3. 20)
주소 서울특별시 은평구 은평로 14길, 9-5
전화 02. 359. 9657
디자인 표지 이순옥
디자인 본문 구본일
제작 어시스트 강진오
제작대행 세줄기획(이명수)
전화 02. 2265. 3749
영업(총판) 일오삼(민태근)
전화 02 964. 6993, 팩스: 02. 2208. 0153

값 12,000 원 ISBN 979-11-87200-39-0 03230